# Der letzte Offizier

von

**Markus Jansen**

Erstellt: 2010/2020

Aktuelle Ausgabe: 2020-03-03

# Impressum

Bibliografische Information der Deutschen Nationalbibliothek:
Die Deutsche Nationalbibliothek verzeichnet diese Publikation in der Deutschen Nationalbibliografie; detaillierte bibliografische Daten sind im Internet über https://portal.dnb.de abrufbar.

Herstellung und Verlag: BoD – Books on Demand, Norderstedt

ISBN: 9783750469778

Dieses Buch ist ebenfalls als EPUB verfügbar: ISBN: 9783750469761

# Inhaltsverzeichnis

Impressum                                  2
Kurzzusammenfassung                        4
Szene 1:                                   6
Szene 2:                                  16
Szene 3:                                  22
Szene 4:                                  79

# Kurzzusammenfassung

Soldat Hendrik und sein befehlshabender Offizier stammen aus dem fünfzehnten Jahrhundert. Sie sind unzufrieden mit der Monotonie ihrer Zeit und der Gesellschaft und sehnen sich danach, etwas Neues zu entdecken.

Dem Offizier ist bereits seit längerer Zeit ein Ort mit einem geheimnisvollen Portal bekannt. Als er die Zeit für gekommen hält, dessen Geheimnis zu erkunden, überredet er den Soldaten Hendrik, ihn bei diesem Abenteuer zu begleiten. Als wagemutige, neugierige und unerschrockene Recken ihrer Zeit durchschreiten sie das Portal. Wie sich dabei herausstellt, ermöglicht das Portal Zeitreisen.

Mittels Zeitsprung gelangen die beiden in unsere Zeit und trennen sich für ein Jahr, um ihre ferne Zukunft, unsere Gegenwart zu erkunden und um Erfahrungen in dieser für sie relativ fremden Umgebung zu sammeln.

Sie verabreden sich, nach Ablauf des Jahres an einem abgelegenen Treffpunkt in einem Wald wieder zusammenzutreffen, um sich über ihre Erlebnisse und Erkenntnisse in dieser ihnen fremden Zeit auszutauschen und ein erstes Fazit zu ziehen.

Wie hat sich die Welt in den vergangenen hunderten von Jahren verändert? Haben sich die Menschen in der Zwischenzeit ebenfalls verändert? Hatte der technische Fortschritt Einfluss auf Denken und Handeln der Menschen? Was wurde besser, was wurde schlechter, was blieb gleich? Da eine Rückkehr in ihre Zeit ausgeschlossen ist, müssen sie sich entscheiden, was sie weiter tun sollen, wie mit ihren Erkenntnissen über unsere Zeit umgehen, wie darauf reagieren, wie ihre besonderen Eigenschaften zum Nutzen der Menschen einsetzen?

All dies wird im Dialog behandelt, wenn sich Soldat Hendrik und dessen Offizier nach einem Jahr an der vereinbarten Stelle wiedersehen.

# Szene 1:

**Fünfzehntes Jahrhundert**

**Germanien**

**Ein alter Offizier, der im schwarzen Gewand am Lagerfeuer sitzt und das Wechselspiel von Tag und Nacht betrachtet.**

*Monolog des Offiziers:*

Nun sitz' ich hier ein weitres´ Mal,
die Nacht vergeht, der Tag beginnt,
leer und kalt, so wirkt dies alt' Gemäuer,
die Zeit durch meine Hände rinnt.

Wo nur bleibt der lang ersehnte Friede
und wo ist die Ruhe, die ich such'?

Die Tage verrinnen, einer so wie der andere,
Tausende vor mir schon das gleiche Lied gesungen,
mal mit Freud' und mal gedrungen.

Vergleicht man die Zeit mit dem Alter der Welt,
so waren es nur wenige Augenblicke,
die ich glücklich sein durft',
doch jene Augenblicke hüte ich
wie einen Schatz in mir.
Rubin auf Rubin,
Münze auf Münze.

Wo jetzt die Kriege toben,
wo Dummheit sich mit fragwürdigem Sinn oft paart,
da frag ich mich ein um's andre' Mal,
ob mein Leben ein Ehrenhaftes war.
Die Seele eines Mannes scheint oft zwiegespalten.

Mal bin ich voller Tatendrang und
kann die Kräfte wie den Willen kaum noch zähmen
und Mal ist's, als wär' die Ruhe
das Einzige, was ich noch will.

Oft ging ich die falschen Wege und heut' bereu' ich,
dass ich anderen nicht half,
sondern das Leid Vieler nur vermehrte.

Die Einsicht kommt spät
und wo die Wahrheit mir oft im Schwerte lag,
da seh' ich nun,
wohin mich das Leben brachte
und das ich nur
ein Gefangner' meiner selbst bin.

Zu wenig konnt' ich bewirken,
bin ich doch von niedrer' Herkunft,
was blieb also auf des Königs Wort zu horchen?
Wie oft lag ich im eignen' Blut
und dies für einen Herrn',
der lange Zeit nicht mal meinen Namen kannte.

Wo hier die Seinen sich vereinen,
wo rank und schlank der Wahrheit Nektar bleibt,
da ist es schwer,
aus Gut und Böse den richtgen' Weg zu finden
und ihn auch zu gehn'.

Ich frage mich,
ob es Gut und Böse wahrlich gibt,
oder schließt das eine das andre' gleich mit ein?
Alles hat zwei Gesichter,
das meiste hat einen Grund,
daher lässt sich alles stets betrachten,

das Böse still verachten,
das Gute schützt mir neu,
auf dass ich keinen Atemzug von heut' bereu'.

Was soll ich sagen,
was soll ich denken?
Ich will nur weg,
weg aus meiner Zeit.

Wo Lüge sich mit Wahrheit eint,
da such ich einen,
der mit mir nun Schmerz
und Leid am Feuer teilt,
denn wo die Welt in himmlisch' Sphären,
da greift die Vergänglichkeit nach jedem
und die Erkenntnis peitscht mir ins Gesicht.

Alles bleibt auf dem Weg,
dem Weg in die Vergänglichkeit.
Stets auf dem Weg zu vergammeln,
zu verschimmeln,
zu verwesen,
zu versinken,
zu altern einfach nur.

Am Ende ist die Vergänglichkeit,
denn alles wird dahin gerafft.
So ist des Lebens Lauf,
doch still nun,
denn bekannt sind
die Geräusche aus der Ferne.

Es sind die Dämonen
und die Gedanken aus alten Tagen,
die mich quälen,
sie pirschen sich heran

und wollen mir die Sinne rauben,
doch wie all die Jahre zuvor
bin ich auf euch vorbereitet!

Kommt her,
denn so wie in all den Jahren
wartet meine Klinge darauf,
euch zu ritzen
und euch zurück
in die Tiefen der Dunkelheit zu treiben.
Ihr werdet es nicht schaffen,
mich um meine Sinne zu bringen.
Zu oft habt ihr's versucht
und seid doch stets gescheitert.

**Die Schatten der Dämonen ziehen sich in
seiner Einbildung zurück.**

So dacht' ich's mir
verlaustes Pack –
kaum zeig' ich Gegenwehr,
schon sucht ihr das Weite
und geht eurer Wege.

Geht und quält eine andre' Seele!
Diese ist noch nicht bereit,
euch zu folgen
in die ewge' Finsternis.
Noch nicht!

**Langsam geht die Sonne auf.**

Lang' hab ich überlegt
und mich entschlossen,
mein Glück in einer anderen Zeit zu suchen

und nur einen will ich
auf diese Reise mitnehmen.
Nur einen!

Meinen alten Freund,
der viele Schlachten mit mir stritt
und mit mir quer durch jede Hölle ging.
Ihn will ich mit durch dieses Tor nehmen!

Ich bin der einzige,
der jene Pforte kennt,
die tief im Wald verborgen.
Und nun ist die Zeit gekommen
herauszufinden,
ob's Gaukelei,
oder ob die Wahrheit
der Sache Ursprung ist.

Vor Jahren entdeckte ich dies' Tor
und hielt es stets für mich,
doch nun will ich es erproben.

Ich will hinter die Fassade schauen
und es wagen,
denn die Zeit ist reif,
das ich eine andere Welt betrete,
denn diese Zeit hier kann nicht alles sein.

Sie darf nicht alles sein!!!
Ich schieb' die Angst beiseite,
so wie es immer war,
auch wenn sie noch so groß,
die Furcht vor Veränderungen
darf mich nicht halten.
Sie wird mich nicht halten!

Rastlos ist noch immer mein Geist
und der Wissensdurst
ist noch lange nicht gestillt.
Es ist immer die Suche nach dem Sein,
die Suche nach dem Abenteuer
und die Suche nach dem Neuen.

**Der Offizier macht sich auf den Weg ins Dorf
und findet den ebenfalls in schwarz gekleideten
Soldaten Hendrik vor der Schänke.**

*Offizier:*

Sei gegrüßt, mein Freund,
was blickst Du so müde drein?

*Hendrik:*

Guten Morgen Herr.
Ich brauchte etwas frische Luft,
denn der gestrige Abend war lang.
Gefeiert mit Gleichen,
getrunken mit Freunden,
doch will ich euch
die wüsten Schilderungen ersparen.

**Der Offizier fasst den Soldaten um die Schulter
und geht mit ihm beiseite.**

*Offizier:*

So wie in alten Zeiten, nicht wahr?

Doch sag mir,
bist du bereit für ein Abenteuer?
Eines, das vor uns noch niemand bestand?
Eines, das dir gänzlich Neues erschließen wird?

Ein neues Land, eine ferne Zukunft,
neue Dinge, neue Bilder.
Sag mein Freund,
wärest du für derartiges bereit?

Hier in unserer Zeit
wollten wir vieles verändern,
wir wollten vieles bewegen,
doch leider blieb alles so,
wie es immer war,
drum' möcht' ich mit dir etwas wagen,
was vor uns noch niemand gewagt hat.

Ich möchte mit dir ein Geheimnis teilen,
dass ich schon lange
in meinem tiefsten Innern verschließe.

Ich möchte mit dir eine neue Zeit erkunden,
drum zöger' nicht,
mein Freund.
Schlag ein,
sag ja und spür' die gleiche Flamme
der Neugier in dir,
wie ich in mir sie spüre.

**Hendrik schaut den Offizier fragend an.**

Sagt, was führt ihr da im Schilde?
Eine Reise in eine andre' Zeit?
Hör' ich recht
oder ist's noch des Weines Wirkung,
die ich spür'?

In der Tat,
wir redeten oft über Dinge,
die wir ändern wollten,
über Dinge,
die unser Sein gänzlich wandeln könnten,

12

doch wie wollt ihr dies vollbringen?
Ihr wusstet,
warum ihr mich gefragt,
nicht wahr?
Wisst ihr doch,
dass ich neugierig bin und
kein Abenteuer verpassen möcht'.

Es klingt nach einem verwegenen Vorhaben
und ich war euch bisher ein treuer Begleiter,
drum will ich's wagen,
nachdem ihr mir die Einzelheiten erklärt,
doch zuerst lasst mich die Zeche
in der Schänke zahlen,
denn einen schlechten Nachruf
will ich in dieser Zeit nicht erben.

**Der Soldat lächelt und geht in die Schänke, um zu zahlen und um sein Schwert beim Wirt zu holen.**

**Der Offizier wartet einige Augenblicke, bis Hendrik aus der Schänke kommt.**

*Offizier:*

Dein Entschluss freut mich über alle Maßen
und glaub mir,
tausend neue Dinge warten auf uns in jenem Land,
dass unser Geist noch nicht erschlossen hat.
Ich brenne vor Begierde,
brenne vor Verlangen,
Neues zu entdecken
und endlich etwas zu bewegen!

Lass uns dies dunkle Tor durchschreiten
und die Schranken der Zeit durchbrechen,
lass uns die Barriere überwinden,
die unseren Körper und unseren Geist
hier bindet.
Lass uns das Joch der Sklaverei ablegen
und uns aus diesem Käfig hier befrein'.

**Der Offizier geht mit Hendrik in den Wald, in dem ein Tor unter einigen Ästen versteckt ist. Sie legen das Tor frei und vor ihren Augen tut sich ein Spiegel auf, der aus flüssigem Metall zu bestehen scheint.**

*Offizier:*

Dies ist's,
wovon ich sprach!
Nun stehn' wir hier
und müssen uns entscheiden.
Wollen wir den Weg gemeinsam gehn'
und dies Tor durchschreiten?
Ich kenne weder Ursprung noch Wirkung,
doch ich will es wagen.

*Hendrik:*

Ich kann kaum glauben,
was ich hier vor mir seh'
und ihr könnt sicher sein,
dass ich nicht umkehre,
denn meine Neugier
ist endgültig geweckt
und ich will ebenso wie ihr
hinter diesen Spiegel schaun',
der sich vor uns auftut.
Warum habt ihr nur nie etwas gesagt?

14

Lasst uns nicht länger reden,
sondern handeln
und durch dies Tor gehn'.

*Offizier:*

Ich hoffte,
dass auch dich die Neugier packen würde
und ich freue mich,
das dein Mut der gleiche ist
wie in all den Jahren.

Dann lass uns gehen
und unsere Zeit nun
hinter uns lassen.
Wir gaben dieser Zeit viele gute Jahre,
doch nun wollen wir
neue Dinge erfahren und erleben.
Die Zeit ist reif,
mein Freund!

**Der Offizier und Hendrik gehen auf das Tor zu. Sie machen gleichzeitig einen Schritt in die flüssige Materie und verschwinden sodann aus dem Wald und aus ihrer Zeit. Sie reisen vom 15. ins 21. Jahrhundert. In unsere Gegenwart.**

**Sie kommen auf einem hochgelegenen Hügel mit Blick auf die Stadt heraus.**

# Szene 2:

*Der Offizier sichtlich erschrocken:*

Gott –
wo sind wir hier?
Eine lange Reise,
ein gewaltiger Sprung,
jetzt in diese Welt.
Siehst du das gleiche wie ich?

Wo sind wir nur ausgekommen?
Ich sehe rollende Gefährte,
sehe Dinge,
die mir vollkommen neu erscheinen.
Wo sind wir nur gelandet?
Was sind dies für Gerüche und Geräusche?

Ich sehe neue Muster in der Ferne,
sehe Steine, die in den Himmel ragen
und ich sehe Lichter,
die scheinbar
bis ans Ende der Welt reichen.

Mein Gott –
das sind Ketten aus Licht,
eine ganze Welt aus Licht
und das, obwohl die Sonne sich
vor der Nacht bereits verneigt.

Bei meiner Treu,
hast Du je solche Weiten,
solche Mengen,
oder solch' eine Stadt gesehn'?

*Hendrik:*

Nein, bei allem,
was mir lieb und teuer ist.
Derartiges
hab ich noch nicht gesehen,
doch wie ihr schon sagtet,
es ist ein neues Land,
eine neue Zeit
und wir wären gut bestellt,
wenn wir diese Welt erforschen würden.

Ich sehe das Gleiche wie ihr
und vielleicht finden wir hier
die Erfüllung unsrer' beider Leben.

Wer weiß schon,
was dort draußen auf uns wartet,
doch ist es allemal wert,
dass wir's erkunden
denn unseren Geist
wollten wir für neue Dinge
stets offenhalten.
Erinnert euch.

*Offizier:*

Ich kann nicht widersprechen,
doch neu und gleichsam angsteinflößend
erscheint die Weite und das Neue.
Ich frage mich,
was uns wohl erwartet.

Wer weiß,
wie viel sich geändert hat,
und wer weiß,
wie der Mensch heut' lebt.

Lass uns die Gebräuche und die Errungenschaften,
ebenso wie das Denken der Menschen verstehen.
Lassen wir sie auf uns zuströmen,
denn wir werden für sie
ebenso wie sie für uns
äußerst ungewöhnlich sein.

*Hendrik:*

Das glaub ich auch,
zumal wir nichts von ihnen wissen.
Wir kennen weder
ihre Denkweise noch ihr Handeln.
Auch unsere Kleidung
wird nach all den Jahren
wenig angemessen sein,
drum schlag' ich erst Zurückhaltung vor.

Wir müssen mehr über diese Epoche erfahren,
so dass wir frei
und ohne Verdacht zu erwecken
durch die Lande ziehen können.

Es gibt kein Zurück mehr,
daher werden wir uns
den Gepflogenheiten
anpassen müssen.
Halten wir Augen und Ohren auf
und beraten,
wie wir vorgehn' werden.

*Offizier:*

Es wird das Beste sein,
wenn wir uns
vorübergehend trennen.
Siehst du die Höhle dort drüben?

*Hendrik:*

Ja –
was habt ihr vor?

*Offizier:*

Lass uns dieses Zeitalter entdecken,
doch jeder auf seine Art und Weise.

Dort drüben an der Höhle
wollen wir uns
in einem Jahr wieder treffen
und einander berichten.

Es wird weder für dich
noch für mich
ein einfaches Unterfangen,
doch jeder sollte
für sich Erfahrungen sammeln,
sofern du einverstanden bist.

Auf diese Weise
vermehren wir unsere Erkenntnisse
und können einander austauschen,
was der jeweils andere
gesehen und erlebt hat.
Achte mir auf die Veränderungen,
die Arten,
die Kulturen,
die Menschen,
die Schicksale,
die Freuden,
die Ängste,
auf alles,
was in unsrem' Zeitalter anders war.

Doch vergiss mir nie,
egal,
was du auch findest,
wir sind auch nur
aus Fleisch und Blut
und nur Beobachter
in dieser Zeit.
Lass uns daher niemanden verurteilen,
sondern erst die Dinge
in ihrem großen
und neuen Zusammenhang
hier sehn'.

*Hendrik:*

Ich stimm' euch zu.
Es wird klüger sein,
wenn wir uns trennen
und erst einmal versuchen,
das Denken
und das Handeln
in dieser Zeit zu verstehn'.

Die Höhle
soll in einem Jahr
unser Treffpunkt sein.

Ich für meinen Teil
werde meine Ideale nicht verraten.
Ich hoffe nur,
dass jene Ideale
auch noch heute
ihren Wert haben.

Bevor wir uns aber trennen,
sollten wir
noch unsere Schwerter verstecken,
denn sie dürften in dieser Zeit
vermutlich für Aufsehen sorgen.

*Offizier:*

So machen wir's.

Du wirst mir fehlen,
alter Freund,
das weiß ich jetzt schon.
Wären wir jedoch zu zweit,
dann würden wir
nur noch mehr auffallen.

Ich wünsch' dir viel Glück,
bleib' bei guter Gesundheit,
bleib bei deinen Idealen
und bei frohem Mute.
Ich wünsche dir das Beste,
sieh dich vor
und bleib so,
wie ich dich als Freund kenne.

*Hendrik:*

Das werd' ich
und ihr achtet auf eure Gesundheit.
Bleibt mir wohl erhalten.

**Der Soldat und der Offizier verstecken ihre Schwerter in der Höhle und verabschieden sich voneinander. Alsdann geht der Soldat nach Süden und der Offizier nach Norden. Beide schauen noch einmal zurück und erheben freundschaftlich zum Abschied die Hand.**

# Szene 3:

**Ein Jahr ist vergangen.**
**Der Offizier trifft am vereinbarten Treffpunkt,**
**an der Höhle ein, doch Hendrik ist noch nicht**
**zu sehen.**

*Offizier:*

Nun steh ich hier,
das Land bereist
und die Zeit erforscht.
Wie lässt sich all das einen?
Wie soll ich all das beschreiben?

Ich fand Menschen,
die ohne Hoffnung
und ohne Möglichkeiten leben.
Ich fand Liebe, Glück und Trauer.

Ob Männer oder Frauen,
die Ungerechtigkeit
schlägt hier solche Wellen,
dass es mir die Seele
fast in tausend Stücke riss.

Ich traf so viele Menschen,
die am Boden lagen,
sie waren bereit,
Leib und Leben zu wagen,
doch die Türen blieben verschlossen,
selbst nachdem tausend ihrer Tränen flossen.

Nicht gut genug und keine Chance,
vor den Kopf gestoßen,
wie in Trance.

Bis zum Hals das Wasser steht,
der eine kämpft,
der andere fleht.

In dieser Zeit
sollten sich jene in acht nehmen,
die scheinbar Großen,
sonst werden die Kleinen kommen
und sie von ihrem Sockel stoßen.

Doch viel mehr ist's,
was mich hier störte.
Ich glaubte nicht,
was ich oft hörte,
denn die Barbarei
blitzt nun in neuen Farben,
der Mensch erhält ganz andre' Narben.

In meiner Zeit war ich manches gewohnt,
doch wozu der Mensch heut' fähig ist,
sprengt meines Geistes Vorstellung.

Wo einsam – zweisam Kämpfer oftmals streiten,
Egoismus nur die Krone trägt,
wo Gemeinschaften nur im kleinen Rahmen bleiben,
wo Vernetzung überall sich eint.
Wo globales Denken,
weltlich Helfen nur ein Puppenspiel,
denn wahrlich nun die Welt ein Schauspielhaus.

Eine Bühne,
auf der das Unrecht Hand in Hand
mit dem Recht einhergeht.
Eine Heimat, die aus Sinn
und oft aus purem Schwachsinn
nur besteht.

Vielleicht liegt es an meinem Verstand,
vielleicht liegt es an mir,
dass ich auf Derartiges nicht vorbereitet war
und wahrlich viele neue Begriffe,
die sich hier fanden.

Kunst ist nicht mehr Kunst,
ein Wort ist hier kein Wort mehr.
Ehre und Treue kennt man kaum noch.
Einzig und allein das Geld ist's,
das hier regiert.

Reiche,
die so vielen Menschen helfen könnten,
doch keinen einzigen Finger rühren.
Sie wissen um das Leid
all der armen Menschen,
doch ihre Gier
führt sie zu immer mehr Reichtum,
während andere nichts zu essen haben.
Wie widerlich sind solche Menschen,
doch anstatt Verachtung
vom Volk zu bekommen,
werden sie sogar noch gefeiert und bejubelt
und die sogenannte Presse
feiert jene Menschen,
die all ihr Geld niemals ausgeben können,
doch keine einzige Nacht ruhelos sind,
obwohl sie verhindern könnten,
das tausende Kinder sterben.
Wie widerlich
ist dieses Handeln und Treiben
dieser Zeit?!

Krankheiten, Revolutionen, Unrecht,
ohne Sinn und Verstand.
Dagegen erscheint mir meine Zeit
mit all ihren Fehlern
fast segensreich.

Barbarisch sei dahingestellt,
denn alles scheint,
doch nichts ist wahr.

Die Vergänglichkeit
findet täglich ihre Opfer.
Dumm und Sinn,
Sein und Übel,
Recht und Unrecht,
jeden Tag,
so sieht sie aus,
die neue Zeit.

Das Wohl der Allgemeinheit
ist hier belanglos.
Alles,
was nun zählt,
ist der Profit
und der eigene Vorteil.

Blechlawinen
sah ich jeden Tag,
Beton,
der hier die Gegend ziert.

Wo Systeme alles aufrechterhalten,
Struktur und Netz doch sinnvoll wirkt,
wo globales Denken ständig herrscht
und multimedialer Wahnsinn spricht,
da frag ich mich,
ob der Mensch sich selber kennt.

Zum Affen machen sich so viele hier
und werden auch noch
reichlich dafür belohnt.
Bleibt bei euren Paragraphen,
bei euren Zahlen
und auch bei euren Gesetzen,
ich sehe kaum,
dass etwas davon wahrhaft greift.

Bleibt bei alledem,
doch mir erschien es so,
als würde sich der Mensch
hinter all den Dingen verstecken.
Als wäre ein Schleier
über die Augen
eines jeden einzelnen gelegt.
Die Menschen haben nicht erkannt,
dass all die Gesetze und Paragraphen
unnötig wären,
wenn sie sich keinen Schaden zufügen,
sondern sich so viel wie möglich
helfen würden.

Es ist so vieles,
was der Mensch noch nicht erkannt'.
Jeden einzelnen verbindet das Streben,
denn jeder versucht,
das Glück zu finden
und das Leid zu meiden.
Darin sind wir alle gleiche.
Warum also verbessern
wir uns nicht selbst?

Auch die Tiere lieben das Leben
und doch werden sie hier gequält.
Keiner der Verantwortlichen erkennt,

dass Gott dies einen Frevel nennt!
Auch das Tier ist Gottes Schöpfung
und wer sich am Tier
auf Kosten der Eitelkeit vergeht,
der vergeht geht sich an Gott.

Ich seh' die Welt
mit anderen Augen
und ich stellte mir Fragen –
viele an der Zahl.

Warum seh' ich den Schmerz der Welt –
bin Soldat und Offizier
und will es bleiben,
doch warum verstehe ich
auf einmal sowohl das Glück
als auch die Trauer der Menschen?

Warum fühle ich Zorn und Liebe in mir
und warum ertrug ich kaum noch
die Heuchelei,
die ich täglich sah?

Die Vergangenheit
liegt stets mit auf meinem Weg
und so kann ich nicht umhin,
als an die alten Tage zu denken.
In meiner Zeit
schlug ich manche Schlacht,
doch nun schweigt es still,
dies alte Schwert,
denn vorbei sind die ehrenhaften Tage.
Jene,
die man als solche bezeichnen konnte.

Ehre und Stärke –
dies war die Losung
Doch die heutige blieb mir verwehrt.

Warum verschließt der Mensch die Augen
vor so vielem?
Warum redet jeder dran vorbei?
Warum geht es den ganzen Tag nur „Blablabla?"

Es sind immer nur Worte,
doch die nötig gebrauchten Taten
bleiben aus.

Dies ist eine neue Dimension,
eine neue Ära
und ich frage mich,
warum ich nun die Wünsche
der Menschen verstehe
und warum ich sie
gerne erfüllen würde.

Ich suchte die Ursache
und ich suchte die Lösung,
doch gleichsam suchte ich auch den Frieden
für mich und den Frieden für jeden,
doch zuvor müssten all die Mißstände
dieser Erde beseitigt werden
und das ein für alle mal,
doch die Gier und die Gleichgültigkeit
stehen nach wie vor im Weg.

Wo ist schwarz
und wo ist weiß?
Schwarz,
so ist mein Gewand geblieben.
Farbe,
die vielleicht verrät.

Eine Farbe,
die nicht still erscheint,
sondern eine Botschaft trägt.

Hat Gott die Welt geschaffen,
haben wir die Zeit entworfen?
Wer kennt die Antwort
auf derartige Fragen?

Wo Geist verstummt und Hände werken,
wo Ethik neu geschaffen,
wo Masken fallen,
Fassade alt gezeigt,
da bin ich fast verloren
in dieser Welt.

Die Gier ist immer noch
das bestimmende Element
der Menschheit
und das nach all den Jahren.
Ich wollte es nicht glauben,
doch bei meiner Treu,
sie ist noch immer da.

Der Sinn sollte es sein,
sich selbst
und andere
von allem Leid zu befrein'
und sich gegenseitig zu helfen,
doch wo falsche Götzen
ständig lächeln,
wo Perversionen keine Grenzen kennen,
wo Unrecht nur Unrecht bleibt,
wo Egoismus allgegenwärtig ist,
wo die Gleichgültigkeit noch immer besteht
und die Menschen
noch nicht das große Miteinander

erkannt haben,
da werden sie es niemals schaffen,
sich selbst
und alle anderen
vom Leid zu befrein'.

Schockiert bin ich über vieles,
doch noch ist es nicht zu spät
und die Hoffnung,
dass der Mensch sich eines Tages
auf die Wahrheit besinnt,
dass der Mensch eines Tages
die Gemeinsamkeit
aller Lebewesen erkennt,
die Hoffnung,
dass die Menschen sich eines Tages
gegenseitig helfen
und versuchen,
jedes Leid aus der Welt zu schaffen,
diese Hoffnung bleibt.

Ich hoffe,
dass es Hendrik gutgeht
und er bald kommen wird.
Vielleicht mag er
mit muntrer' Kunde
mein Herz fröhlicher stimmen,
denn vieles von dem,
was ich fand,
überschritt wahrlich
die Grenzen des Verständlichen.

Schneller und immer schneller,
den Tag bestimmt die Oberflächlichkeit,
die Menschen denken nicht mal nach,
wer sie eigentlich sind
und wie sie miteinander umgehen sollten.

Sie werden ständig abgelenkt
und Körper, Geist und Seele
ist bei ihnen nicht eins,
so wie es sein sollte.

Wo treu der Drang,
die Seele matt,
die Knechte ziehn'
und drum Schachmatt,
der Geist nicht fliegt,
die Dummheit siegt,
denn alles geht
nur kreuz und quer.

Auch die Politik
ist nur ein Bühnenspiel.
Hier scheint's die Demokratie,
doch nur das Wahlrecht steht,
der Rest ist Diktatur,
oder fragt nur einer,
was der Bürger will?
Nein!

Anstand,
Ehrlichkeit,
Freundlichkeit,
Güte
und Hilfsbereitschaft ist's,
was ich vom Menschen erwarte.

Nicht mehr, nicht weniger.
Alles andre'
würde sich von selbst hier fügen.

**Hendrik erscheint.**

*Offizier:*

Sei gegrüßt,
mein Freund –
du ahnst nicht,
welche Freude dein Anblick mir bereitet.
Lass dich umarmen.

*Hendrik:*

Ich grüße euch
und seid versichert,
dass auch ich mich freu'
euch gesund und wohlbehalten zu sehn'.

*Offizier:*

Lass dich nieder
und ruh' dich erst mal aus.
Dein Weg muss lang gewesen sein.
Sag – wie geht es dir?

*Hendrik:*

Den Umständen entsprechend,
doch ihr hattet wahrhaft Recht,
denn diese Zeit
ist mit der unseren
nicht zu vergleichen.
Gänzlich Neues erschloss sich mir,
doch ich dachte auch oft wehmütig
an unsere Zeit zurück,

denn die Freiheit
hatte in unserer Zeit
einen anderen Geschmack.

Auch an meine Liebe,
die ich in unserer Zeit zurückließ,
dachte ich oft.

*Hendrik geht etwas zur Seite und sagt leise zu sich
selbst:*

Über tausend Täler würd' ich gehen',
um noch einmal ein einzig' Lächeln
von ihr zu sehen.
Über tausend Meere würde ich segeln,
gegen Sturm und Wetter,
gegen alle Regeln.

Ein Königreich für einen Kuss,
wenn heut' der Tag sein muss',
jener Tag, an dem ich sterbe,
im Gedanken an die Hand,
um die ich in Träumen werbe,
dann wär' die Freude einzig mein,
denn glücklicher
werd' ich nie wieder sein.

Ein einzig Lächeln
und ich würd' es wagen,
ihr all die tausend Dinge sagen,
so wie ich im Traum
ganz leis' die Treue geschworen,
denn durch sie
und nur durch sie,
war ich jeden Tag wie neu geboren.

Wollte tanzen, träumen, ewiglich
und bat auf Knien flehentlich,
lass dies Feuer immer in mir brennen,
so wollt' ich Glück
für mich nach ihr benennen.

Der Winter war gegangen,
der Frühling kehrte ein
in dies Herz,
verbannt war die Trauer,
verbannt war der Schmerz.
Ich sah in ihren Augen jenen Glanz
und wollt sie bitten
um des Lebens Tanz.
Bis ans Ende der Welt
wollt' ich mit ihr gehen
und dies Lächeln
bis ans Ende meiner Tage sehen.

Wollte nicht mehr schweigen,
nur noch tanzen im ewgen' Reigen,
denn sie war für mich
die einzig' wahre Melodie,
sie war mein Glück
und meines Lebens schönste Symphonie!

**(Er wendet sich wieder dem Offizier zu und
sagt:)**

Doch wie erging es euch?
Erzählt.

*Offizier:*

Wie es mir erging?
Nun –
ich zog manche Nacht durch die Felder,

Ich zog umher,
oftmals ziellos,
doch ich sagte mir stets,
dass weder ich
noch diese Zeit missraten sind.
Ich versuchte,
die Hoffnung und den Glauben
in mir stets aufrechtzuerhalten.

So ging es nach Süden
und nach Norden.
Die Schläge aus der Vergangenheit
schmerzten nicht mehr,
denn die Gewohnheit half,
sie zu ertragen.

In meiner Zeit
wurd' ich aus manchen Herzen verbannt,
doch hier gewann ich neue Freunde.
Darunter auch
den Mond,
die Nacht,
die klirrende Kälte,
doch auch die Erkenntnis,
den Frieden
und die Ruhe in mir.

An manchen Tagen kam die Sonne her
und schien mir auf mein Haupt
und ich fühlte,
dass ich noch lebendig war.

Ich zog umher,
zu suchen alles Sinn und Sein
und war nur ein sorglos Kind,
das am Rande
der Unmöglichkeiten stand.

Ich sah das Unrecht
und die Unfassbarkeiten,
ich sah Dinge,
die unmöglich wahr sein konnten,
ich sah Dinge,
die mein Verstand nicht fassen wollte!
Die Veränderungen in all den Jahren
hatten ein Ausmaß erreicht,
das ich niemals für möglich gehalten hätte.

*Hendrik:*

Weiß Gott –
mir erging es ebenso.
Ich sah die Ungerechtigkeiten
der Welt
und konnt' nicht glauben,
dass in all den Jahren
so vieles noch schlimmer wurde,
als ich es aus unserer Zeit kannte.

Ich ehrte jedoch jene,
die trotz alledem
noch immer stehn',
und ich ehrte jene,
die niemals aufgegeben haben.
Ich nannte sie Brüder und Schwestern,
denn ich war einer von ihnen
und für alle Zeit könnten sie
zu mir kommen,
denn mein Herz
stünde ihnen immer offen.

Mein Zorn jedoch
richtete sich gegen jene,
die keinerlei Einsicht haben,

und gegen jene,
die nur raffen,
doch niemals teilen.

Mein Zorn
richtete sich gegen jene,
die vor Falschheit nur so glänzen.
Gegen jene,
die protzen und sich nicht schämen,
die keine Güte
und keine Hilfsbereitschaft kennen.

Er richtete sich gegen jene,
die die Maske stets aufgesetzt haben
und gegen jene,
die trotz ihrer Falschheit
stets lächelten.
Manche sonnten sich sogar in ihrer Unmoral
und jene sind es,
die ich in dieser Zeit anklage!

Ich klage jene an,
die die Heuchelei
zur Kunst erhoben haben.
Jene,
die nicht einmal wissen,
wohin mit ihrem Geld,
denen Güte und Hilfsbereitschaft
fremd ist,
die sich an sich selbst
und all dem Falschen laben,
die sich an der Menschlichkeit
und sogar an Gott vergehen.
Jene sind verblendet
und können nicht einmal
die Hand vor Augen sehn!

Ich klage sie der Unmenschlichkeit an,
denn ihr Lachen
und ihre Künstlichkeit,
ihr falsches Gebaren
und ihre falschen Mienen,
all das
und tausendfach mehr
entstellt die Wahrheit,
denn während sie lachen,
während sie sich mit Prunk umgeben,
während sie sich an der Menschlichkeit
und an Gott vergehen,
wissen andere nicht ein noch aus
und erfahren Leiden,
wie sie andere nicht einmal erahnen würden.

Ich klage jene an,
die nur zum Schein barmherzig sind,
denn hier wird selbst die Barmherzigkeit
zum Geschäft gemacht.

Während sie all dies ohne Sorge tun,
sterben und leiden Menschen.
Jeden Tag!

Ich klage sie der Falschheit
und der Ekelhaftigkeit an!
Als ich all das sah,
fasste ich einen Entschluss,
denn ich will jene holen,
die das Verbrechen
zur Normalität gemacht haben.
Jene will ich auf kurz oder lang holen,
die mit Drogen handeln,
die vergewaltigen,
die stehlen,

die schänden,
die entführen,
die töten
und die Unrecht
in jeder nur denkbaren Form begehen.

Doch auch gute Menschen traf ich hier.
Ihnen will ich helfen,
auf dass ihr Leid ein Ende findet.
Dies ist meine Aufgabe
in dieser Zeit
und des Nachts
werde ich über den Dächern stehen
und meinen Teil dazu beitragen,
das Leid aus der Welt zu schaffen
und die Gerechtigkeit wiederherzustellen.

Das Unrecht muss ein Ende haben!
Zudem besitze ich nichts
und es gibt nichts,
was mich noch bindet
oder mir anhaftet.

Ich sah zu viele Narren,
die blind durch's Leben gingen.
Zu viele von ihnen
hatten den Blick für die Wahrheit
und für das Wesentliche
vollkommen vergessen.
Sie verschrieben ihr Leben
der Jagd nach dem Geld,
doch war es das,
was Gott einst wahrhaft wollte,
als er die Menschen schuf?

*Offizier:*

Die Medizin,
die Forschung
und die Kommunikation,
all das ist unserer Zeit endlos voraus,
doch wohin mit alledem,
wenn nichts die Menschen eint
und keinerlei Gerechtigkeit hier herrscht?

Es gab so unendlich viel,
was wir nicht wussten,
doch die Unwissenheit
kann auch ein Segen sein.

Natur und Wesen ach der Kinder,
so gesprochen,
so gefunden,
als Offizier zu sterben,
die Wahrheit zu finden
und die Kinder zu beneiden.
Zu meinem Sohn sprach' ich damals
in stiller Nacht an seinem Bett:

**Ein Bild erscheint vor dem geistigen Auge des
Offiziers, wie er am Bett seines Sohnes sitzt.**

Du wächst auf,
mein kleiner Mann,
und siehst die Welt
mit unschuldigen Augen.
Siehst die Lichter,
siehst den Glanz.

Bei jedem Anflug von Freude,
sah ich den wahren Sinn des Seins,
denn unverfälscht und rein,

nichts geheuchelt,
nichts von alledem,
kein Schein, der trügt.

Wenn die Flüsse nicht mehr fließen
und die Sonne nicht mehr scheinen will,
dann,
wenn die Zeit nicht mehr läuft
und die Blumen nicht mehr wachsen wollen,
dann,
wenn die Freude in den Herzen verstummt,
dann,
glaub mir,
mein Sohn,
dann werde ich noch für dich sein.

Dann,
wenn die Wahrheit verbannt ist,
wenn die Heuchelei den Kampf gewonnen,
dann,
wenn das Unrecht gesiegt,
dann,
wenn die Wolken nicht mehr ziehen,
dann mein Freund,
dann mein Sohn,
dann kleiner Mann
werde ich dich fangen
und noch für dich da sein,
denn ich will
dein Netz auf Lebenszeit sein.

Dann,
wenn die Sterne des Nachts nicht mehr leuchten,
wenn die Schreie nicht verstummen wollen,
dann,
wenn die Trauer dich verbrennt,

wenn dein Herz zum ersten Male bricht,
dann werd' ich noch für dich sein,
denn du bist mein Glück und meine Hoffnung.
Auf dich bau' ich meinen Glauben,
nur du bist Sinn und Zweck.
Stehst du jedoch auf eignen Beinen,
werde ich dich loslassen,
denn die Freiheit
will ich dir niemals rauben.

Dann,
wenn die Meere nicht mehr toben,
dann,
wenn die Elemente der Schöpfung ihr Opfer
fordern,
dann mein Sohn,
wenn kein Engel mehr auf Erden weilt,
dann werde ich noch für dich sein.
Dann,
wenn alles gesagt und getan ist.

**Das Bild des Sohnes vor dem geistigen Auge
des Offiziers löst sich auf.**

So sprach ich einst zu Gabriel
und ein Teil von mir wünscht sich,
ich wär' nie gegangen.

*Hendrik:*

Ich dachte,
dass manches in dieser Zeit anders wäre,
doch auch hier fand ich Familien,
die trauern
und ich fand andere,

die das Mitgefühl
nicht nur beim Namen kannten,
sondern es auch lebten.

Ich fand alles in dieser neuen Zeit,
Glück und Unglück,
schwarz und weiß,
links und rechts,
Norden, Süden, Osten, Westen,
Freude und Trauer oft vereint.

Wo wildes Recht und Dummheit plagt,
da fand ich jedoch nicht nur Trauer,
sondern auch Sonnenschein
und echte Werte.

Der Tag betäubt
und Nacht zersetzt,
weltlich Treiben hier entsetzt.
Kreis gefunden,
viele Stunden,
neue Waffen,
alt geschaffen,
Motive ewig gleich,
Erkenntnis kommt,
mal hart, mal weich.

So ging ich weiter
und hörte die Worte eines Mannes,
der die Wahrheit wissen wollt'.
So sprach er auf einem weiten Feld zu mir
„Wie ein Kind im Winter,
so will ich stehn.
Nackt und bloß,
so soll der Wind mich nun umwehn'.
Will Frost und Kälte,
Vögel picken,

erfreut euch jetzt an diesem Feste,
kommt herbei
und seid heut' meine Gäste.

Ich will bibbern, zittern, klappern, schreien.
Lass die Menschen spotten,
seh' ich doch Nachts den Traum.
Will brennen, frösteln,
die Weiten meiner Seelen hier befahren
und mich vom Wind verwöhnen lassen."

*Hendrik:*

So sprach er
und ich erfuhr
an meinem ersten Tag
in dieser neuen Welt
die Geschichte eines Mannes,
der stand,
um zu erfahren,
der verweilte,
um zu leiden,
der wartete,
um zu vergessen,
der stand,
um zu erkennen,
der jedoch nicht blieb,
um zu sterben!

Es gab so viel in diesem kurzen Jahr,
was ich erfuhr,
doch bei all dem Leid
und bei all dem Unrecht,
sah ich auch viel Schönheit.

Frauen fand ich,
manchen Engel,
manche Schönheit,
doch auch manchen Engel,
der alles andre' als ein Engel sein wollt'.
Frauen,
die für Geld wahrlich alles taten
und dies in Ausmaßen,
die für uns undenkbar waren.

*Der Offizier lächelt und entgegnet:*

Es freut mich zu hören,
dass du die Zeit
auch mit den angenehmen Dingen
verbracht hast,
denn wo das Übel
nicht an der Wurzel gepackt,
da bleibt zumindest die unvergängliche Liebe.
Auch in dieser Zeit!

*Hendrik:*

So ist es in der Tat!

Einiges blieb wahrlich gleich.
Haben wir nicht auch in unserer Zeit
nach den Regeln gespielt,
die uns andere vorsetzten?
Zu selten erkennt man
die Zusammenhänge
und sieht kaum über den Rand hinaus.

Man ist derart in allem verstrickt,
dass man sich auf gewisse Weise führen lässt.

Jene, die die Fäden ziehen,
erscheinen wie Geister,
doch nicht einen von ihnen
nenn' ich Meister.
Es wird gelockt
und alle werben,
Viele geraten sodann
nur ins Verderben.

All das gab es in unserer Zeit nicht,
wir hatten nicht mal Kenntnis von den Dingen,
die unseren Geist derart verwirren könnten.

Doch genug meiner Schilderung
– sagt –
wie denkt ihr über dies?

*Offizier:*

Ich sehe es so wie du,
mein Freund,
doch die Hoffnung
sollte man nie aufgeben,
denn gibt man die Hoffnung auf,
dann gibt man auch das Leben auf.
Die Wut packte mich
ein um's andre' mal,
denn die Mißstände sind
für jedermann ersichtlich!

*Hendrik:*

Ihr habt Recht –
die Hoffnung
sollte man nie aufgeben.
Vielleicht lernt man ja
doch eines Tages aus den Fehlern
und erwacht aus dem Tiefschlaf.

*Offizier:*

Lass mich dir eine Geschichte
von einem Mann erzählen,
den ich traf,
der mit allem abgeschlossen hatte.

Er fürchtete weder Tod noch Teufel
und ich versuchte zu reden,
versuchte zu helfen,
doch nichts half
und nun stand er da,
am Abgrund,
an der Klippe,
die sein Leben verändern würde.

Viele Umstände,
manche Schläge
brachten ihn hierher
und nun war er bereit,
für diesen Augenblick
sein Leben zu geben.

Er schaute hinab in die Tiefe,
er sah die tosenden Wellen,
den blauen Himmel und die Möwen,
die kreischend um sein Haupt zogen.

Er spürte die sanfte Brise
und die wärmenden Strahlen der Sonne,
doch dann fasste er sich ein Herz
und sprang.

Für diesen einen Moment
gab er sein Leben
und es gab Nichts mehr,

was ihn hielt.
Vorbei waren die Erinnerungen,
vorbei das Leid.

Für diesen einen Augenblick
war er der König über sich selbst.

Er flog scheinbar unaufhörlich,
doch kurz darauf
lag sein Körper auf dem Meeresgrund.
Sein Geist war unter den Fluten begraben
und vorbei waren die Träume,
die Liebe,
die Hoffnung,
die Angst
und ich wünschte,
ich hätte etwas tun können,
um ihm im Leben zu helfen.

Mein Reden half nicht
und ich fragte mich ein weiteres Mal,
ob die Menschen die Kinder der Nacht hören.
Jene,
die ihre Lieder in der Dunkelheit singen.

Sie sind unter uns,
sie winden sich
und sind stets
auf der Suche nach dem Glück.
Nach ein wenig Zuspruch,
nach ein wenig Anerkennung.

Sie wandeln in Demut
und ihr Haupt ist selten erhoben.
Ich wünschte,
dass ich ihnen ihr Leid
von den Schultern nehmen könnte.

Ich ging auf sie zu,
denn ich wollte
einer von ihnen sein.
Ich bat sie:

„Lasst mich hören eure Stimmen,
auf dass mein Geist
und meine Seele
ein Teil der Qual euch trägt.

Lasst mich mit euch einstimmen,
zu singen jene Melodie,
die ihr so oft gesungen.

Wir wollen gemeinsam ziehn' und singen,
auf dass eure Last ein wenig leichter wird.

Lasst uns dem Mond ein Ständlein bringen,
denn euer Kummer ist auch der meine.

Verschmähte Seelen sah ich,
die in der Dunkelheit wandeln
um nicht gesehn' zu werden.
Gesenkte Häupter sah ich,
so viele an der Zahl.

Ich verstand nicht soviel Tränen,
so viel Kummer.
Versagt wurde ihnen stets süßer Schlummer.

Sorgen und Nöte,
Ängste und Trauer,
all das bestimmt ihr Leben
und ich wünschte,
ich könnt' ihnen Glück und Freiheit geben."

*Hendrik:*

Ihr verstehe euch
und oftmals dachte ich an eine Geschichte,
die mir meine Mutter erzählte.
Diese Geschichte erinnerte mich
an das Schicksal vieler Menschen hier.

Sie handelte
von der Hoffnung und der Einsamkeit.

Jene standen sich einst gegenüber
und die Hoffnung,
die nur sehr klein war,
flehte bitterlich um ihr Leben,
die Einsamkeit jedoch
war unerbittlich
und erschlug die Hoffnung
mit ungeahnter Wucht.

So lag sie nun im Staube
und wollte niemals etwas Böses.
Ein wenig Glück und etwas Zuneigung,
doch betrogen um all dies,
tat sie ihren letzten Atemzug.

So ward' sie begraben
und die Inschrift lautete:
„Sie kämpfte tagein tagaus,
doch zu schwach
war die Güte und die Hilfe."
Drum liegt sie nun
neben zahlreichen Gräbern ihresgleichen
und niemand wird ihn je erblicken,
den Friedhof all der kleinen Hoffnungen.

Niemand sollte derart untergehn' müssen.
Nicht in dieser Zeit,
in der der Fortschritt
um ein Vielfaches weiter ist,
als es in unserer Zeit je der Fall war.
Niemand sollte Hunger leiden
und doch tun es Millionen.
Die Reichen werden reicher und fetter,
die Armen sterben jeden Tag!

Dies Unrecht
wird den Menschen täglich vor Augen geführt,
und doch –
es ist jedem egal.

Dem Schwachsinn und dem Irrsinn
wird zugewunken und applaudiert,
wie ein Schwein den Schlamm hofiert.

*Offizier:*

Andere Gedanken müssen her,
Hendrik,
und diese finden sich,
wenn ich mich an einen Vater
in dieser Zeit erinnere.

Gerne denke ich an ihn
und an seine Worte.

Ich wünschte,
jeder Mensch hätte
so viel Weisheit in sich
wie dieser Vater.

Er sagte:

„Die Verwirrung beginnt mit der Geburt,
ein jeder nach des Schicksals Willen spurt,
wohin wird die nun kommende Reise gehen,
lag dieser Ort,
die Reise noch vor kurzem in den Wehen,
erblicktest du mein ganzes Glück,
das helle Licht der Welt,
hast hinter dir ein kleines Stück,
mir wahrhaft doch ein Stein vom Herzen fällt.

Wächst nun auf zum Kind,
spielend und tobend dir die Jugend verrinnt,
hast bald über dich selbst die Herrschaft,
trägst dann auch die Bürden der Gesellschaft,
ist's auch eine schwere Bürde,
so trag sie, mein Sohn, stets mit Würde,
musst dich anpassen, darfst nicht widersprechen,
sonst werden andre' versuchen dich zu brechen.

Leb dein Leben, kleiner Prinz,
wenn du gegen den Strom
der Dummheit schwimmen willst,
dann schwimm.

Beschäftigst dich mit dem Bösen und dem Guten,
bemerkst nicht die langsam kommenden Fluten,
die Fluten des Alters.

Hast dann irgendwann dein Leben ganz verbracht
und fragst dich,
wohin hat dich die Reise nun gebracht.

Schaust dann leidig auf die Reis' zurück,
siehst das einstge' Labyrinth
und wünschest dir, du wärest nochmals Kind.

Als Kind wirst du wiederkommen,
wenn deine Taten in diesem Leben
stets besonnen waren.

So geb ich dir mein ganzes Glück,
meine Kraft und meine Liebe,
meinen Verstand und meinen Schutz,
denn eines glaub mir,
wenn alles fällt auf Erden,
wird dein Vater noch für dich sein
und vergiss mir nie, was ich dich lehren möcht'.

Sei gütig, doch sei nie dumm,
denn zu oft wird die Güte ausgenutzt
und du kostest
die bitteren Früchte der Niederträchtigkeit.
Hilf anderen
und hab stets Mitgefühl mit jenen,
die den falschen Weg beschreiten.

Wähle deinen Glauben,
glaube an Gott,
und glaube an dich selbst.
Nichts soll dir anhaften,
denn alles ist vergänglich.

Verbring die Tage mit Freude und mit Spaß,
blas' kein Trübsal,
sonst werden andere deine Gesellschaft meiden,
doch verlier' mir auch
nie den Sinn für die Ernsthaftigkeit,
sonst wird ein jeder dich für einen Narren halten,
der von niemandem respektiert wird.

Sei gütig und hilfsbereit,
doch achte immer auf die Schlangen,
die jene Güte ausnutzen
und dich zum Dank dafür beißen.

Hilf jenen,
die sich selbst nicht helfen können
und gib dich nie der Heuchelei hin.

Sei auf der Hut,
denn die Menschheit wurde
nicht nur von körperlichen Krankheiten befallen,
sondern auch von Krankheiten,
die den Geist verwirren.

Selbstherrlichkeit, Ignoranz, Schizophrenie,
Hass, Zorn, Rachsucht, Skrupellosigkeit.

So nur einige der Namen jener Krankheiten,
die die Menschen hier befallen haben.

Du kannst dich dem Druck
der Konventionen beugen
oder dich zur Wehr setzen.
Nimm dir das letzte Stück Freiheit
und sei so,
wie du bist,
mach das,
was du willst,
und find' deine eigene Freiheit.

Die Menschen stecken sich in Schubladen
die ihr Wesen bezeichnen:
„frech, launisch, cholerisch,
temperamentvoll, hart, stark,
intelligent, attraktiv, hässlich,
widerwärtig, ekelhaft, verrückt,

verklemmt, ordinär, arrogant,
lieb, dämlich, dick,
dünn, egoistisch und oberflächlich"

All das und endlos mehr
sind nur einige der Schubladen,
die auf einen warten,
egal ob positiv,
egal ob negativ,
egal ob Männlein,
egal ob Weiblein,
egal ob jung oder alt.

Denk du anders
und sieh' jeden für sich,
denn niemand gleicht einem anderen
vom Wesen und der Art her.

Wo Harpyien oft sitzen,
ihr Tagewerk verrichten,
wo Weihnachtsbäume
manchmal menschlich scheinen,
behangen mit Glimmer, Glamour und Lametta,
da sollst du wachen,
denn wo die Welt oft sinnlos wirkt,
da schau stets genau hin
und finden wirst du das Licht.

Sollst tanzen, denken, spüren, sprechen,
schweigen, lächeln, schreien, Glück nur spüren.

Sei klar und stark,
sieh die Farben dieser Welt und
male nicht nur alles schwarz und weiß.

Fall mir nie in den Sumpf aus Dummheit
und greif' nie zu mörderischen Drogen.
Greif' nie zu Dingen,

die dir schaden,
denn wo die Dummheit manchmal
die Krone trägt,
wo Logik und der menschliche Verstand
oft Risse zeigt,
da pass' mir auf
und halt dich von allem Übel fern.

Achte darauf,
dass dein Handeln in diesem Leben
immer dem Guten entspricht
und wahre stets dein gutes Herz,
denn nur dein positives
und dein gutes Handeln in diesem Leben
bestimmt über Form, Wesen und Sein
im nächsten Leben.

Steter Wandel jeden Tag,
vereint und doch getrennt,
so ist der Körper und die Seele.
Lass dies nicht zu,
sondern vereine beide Eigenschaften
und du wirst das wahre Glück in dir finden.

Wenn zwei und zwei nun fünf ergibt,
wo Logik im Labyrinth der Systeme versagt,
da sei du selbst
und streb' dein eignes' Ich stets an.
Die Magie und die Essenzen findest du
tief in deinem Geiste.

Die Lüge ist oft die Wahrheit,
die eigne, individuelle,
die Wahrheit für jene,
die von ihren Lügen
und von ihrem Schein
für sich selbst überzeugt sind.

Es ist die gewünschte und fiktive Wahrheit mancher,
die sich in ihren Lügen selbst verstricken.
So achte mir auf Wahrheit
und auf den Schein der Dinge.

Vor langer Zeit versuchte auch ich
das Rätsel des Lebens zu ergründen
und ich sprach mit dem Wind,
er gab mir einen Namen,
einst sah ich spielen ein Kind,
es hielt ein Bild,
doch ohne Rahmen,
einst sprach ich mit dem Herrn,
dachte,
er könnte meine Fragen beantworten.

Auch mit dem Teufel sprach ich,
doch für die Antworten
wollte er meine Seele.
Niemals sollte ich
den heiligen Schwur brechen,
jenen Schwur,
den ich leisten sollte,
wenn ich den Pakt mit ihm schließe.

Ich schloss ihn nicht,
denn die Falschheit war zu offensichtlich.

Ich fragte Freund, Feind und Liebe,
was nur mag der Sinn des Lebens sein.
Die einen meinten,
das Leben sei voller Hiebe,
die andren' sprachen,
geh' und suche,
so ist's fein.

Ich liebte und lernte,
niemand sonst dies Dunkel in mir erhellte.

Ich spazierte auf dem Mond,
die Welt war mir nur Einerlei.
Erster Kontakt,
letzter Kontakt.

Ich nahm den Zylinder
und sang den Menschen ein Lied.
Ein Lied, das niemand hören konnt',
doch trübte dies nicht den Mut.

So tanzte ich weiter,
denn ich wusste,
dass ich für mich den richtigen Weg gefunden hatte.

Lange davor jedoch saß ich in der Höhle,
die mein eignes Ich mir stellte.
Ich suchte und forschte.
Ich wollte die Perlen
meiner selbst einst finden.

Sie waren tief in meinem Geist verborgen.
Es war so,
als wäre ich unter Wasser.

Absolute Ruhe fand ich, kein Gezank.
Gänzlich neue Farbenpracht,
alles war unverfälscht
und lief natürlich ab.

Ich fühlte alles wie am ersten Tag.
Last und Sorgen
schienen mir von meiner Seele abgefallen.

Die Auferstehung fand ich an jenem Tag,
die Höhle stürzte ein.
Neue Kraft und frisches Blut,
Herz und Seele wollten schrein'.

Ich lebte wieder, ganze Pracht.
Ich erkannte endlich
und sah' mit klarem Blick!

Ich wollte mich am Leben betrinken,
meine Sinne funktionierten wieder.

Meine Glieder gehorchten wieder ihrem Herrn.
Den Glauben fand ich
und den Geistern des Trübsals
schwor ich ab.

Neue Kraft und neue Augen,
neue Sicht und gleißend helles Licht.
So war es damals bei mir,
als ich die Wahrheit
und den richtgen' Weg erkannte.

Wenn du fühlen willst,
mein Sohn,
dann fühl'.
Wenn du lachen willst,
dann lach,
wenn du denken willst,
dann denk',
wenn du träumen willst,
dann träum'
und wenn du eines Tages
auf dem Mond tanzen willst,
dann tanz auf dem Mond
und hab keine Furcht.

Wo simple Wünsche, stille Zwänge,
neu betont und alte Ränge,
da bedarf es des Mutes,
den richtigen Weg zu gehn'.

Wo Temperament und Leben
die Grenzen nicht kennt,
wo Unrecht am hellichten Tage geschieht,
da wird deine Seele eines Tages aufschrein',
denn du wirst dich und auch die Wahrheit sehn'.
Dann widersetz' dich
und folg' nicht dem Weg des Unrechts.

Gut und Böse,
jeden Tag.
Grauen, Schrecken, Unrecht und Verwerflichkeit,
alles findet sich zusammen
und die falschen Stimmen der Verführung
werden zu dir sprechen:

„gib mir deine Hand
und folg mir in ein andres' Land.
Ein Land,
in dem kein Kind mehr weint,
wo täglich nur die Sonne scheint.

Die Ewigkeit ist hier zum Greifen nah,
eins mit der Natur, den Alltag vergessen,
die Träume leben, den Frieden suchen,
die Stärke spüren, die Ruhe leben.

Folg' mir in ein andres' Land,
wo Träume, Räume grenzenlos erscheinen.
Wo die Freiheit auf dich wartet."

Wenn jene Stimmen zu dir sprechen,
dann ist Vorsicht angebracht,
denn nichts von alledem wird wahr.

Du sollst nur geblendet werden und
der Teppich für den falschen Weg
wird vor deinen Füßen ausgelegt.
Beschreite ihn nicht, diesen Weg,
auch wenn er bedeckt ist mit Rosenblättern.
All das ist nur Schein
und wenn du genau hinschaust,
dann wirst du sehn',
dass keine Rosenblätter,
sondern der Schmutz
und die Exkremente der falschen Stimmen
vor dir liegen.
Jene Stimmen,
die ihr Leben mit Verbrechen, Drogen
und anderem bestreiten.

Und doch gibt es dies' Land,
in dem du die Freiheit auf ewig finden wirst.
Dieses Land,
von dem die Stimmen berichten
findest du in dir!

Dies Land liegt einzig und allein in deinem Herz,
so geh und such das eigne' Herz,
denn nur in deinem Geist
und in deinem Herz
wirst du den Frieden und den richtgen' Weg
erkennen.

Dann,
wenn die Wolken deine Sinne verdunkeln,
dann geh'
und such dies Land,
das du tief in deinem Innern trägst."

*Offizier:*

Seine Worte klangen weise
und er hatte längst gesehen,
dass ich unter dem Fenster stand
und seinen Worten lauschte.

Er stand auf,
wandte sich zu mir
und sagte zum Schluss:

„Geht und zieht und denkt an die Worte.
Erinnert euch an mich,
denn in mir seht ihr einen Mann,
der ein Buch fand.

Ein Buch mit sieben Siegeln,
fremde Sprache, unbekannt der Sinn,
so braucht' ich zwanzig Jahr',
zu erforschen, zu ergründen
und nach zwanzig Jahr'
da war's geschafft –
das Buch war seines Rätsels nun enthoben.

Lernt aus meinen Worten
und all dem Sinn
und strebt nicht
das Falsche an.

Überprüft alles
und überzeugt euch
von allem selbst.

Wo spitze Türme ragen,
goldne' Dächer blitzen,
da sollten sich die Länder einen,
zu bekämpfen jeden Dreck und jede Schande.
Euch wird auffallen,

dass so vieles hier im Argen liegt.
Nicht nur die Seelen und der Geist der Menschen,
sondern gleichsam auch das Miteinander
und die Hilfsbereitschaft füreinander.

Hier, wo alles machbar scheint,
doch nichts geschieht,
da sollten sich die Länder verbinden,
um Frieden und Gerechtigkeit zu schaffen.

Dies ist der alte Traum,
die Welt endlich neu und gerecht zu schaffen.
Die Welt so zu ordnen,
dass kein Unrecht,
keine Angst,
kein Hunger
und kein Leid besteht."

*Offizier:*

So waren seine Worte.
Sie waren ermutigend und
gleichsam bitter.

*Hendrik:*

Das alles macht einen wahrlich mürbe
und mir schien es,
dass viele Menschen
auf verschiedenste Arten
enttäuscht wurden.

Ein Mann sprach zu mir von der Liebe.
Einer Liebe,
die nie existierte.
Er erzählte mir die Geschichte
und sagte:

„Einst schenkte ich einer Frau eine Rose
und sie bedachte mich mit einem Lächeln.
Ich sprach Worte von Liebe
und sie gab mir die Zuwendung,
die ich ersehnte.

Ich legte ihr mein Herz zu Füßen
und sie schenkte mir
einen Kuss auf die Stirn.

Ich holte die Sterne vom Firmament
und brachte ihr einen Ring.

Ich erhoffte ein Ja auf die einzige Frage,
die für mich noch von Bedeutung war.
Ihr Gesicht zeigte Verwunderung,
sie schaute tief in meine Augen
und vermachte mir ein Nein.

Eingebrannt dies Wort bis heute in mein Fleisch,
eingebrannt dies Wort für ewig in meinem Geist.
Vorbei das Drama,
die Liebe verblasst.
Mit einer Antwort stand ich da,
die ich nie verstehen werde,
doch zeigte es mir,
dass der Trug allgegenwärtig ist
und in Gestalten auftaucht,
die man nie erwarten würde.“

*Offizier:*

Warum spricht nur jeder
von den negativen Seiten?
Wenn die Welt so schlecht ist,
warum setzt man dann nicht
die richtigen Köpfe an die Macht?

Könige,
die genügend Weisheit besitzen,
Könige,
die keine Heuchelei und keine Kriecherei kennen,
Könige,
die den wahren Sinn in allem erkennen,
Könige,
die endlich
Gerechtigkeit und Vernunft walten lassen
und dem Schwachsinn,
sowie der Verruchtheit ein Ende setzen!

*Hendrik:*

Hierauf kenne ich keine Antwort,
doch lasst uns das Thema ändern,
denn je mehr ich höre,
desto mehr verdunkelt sich mein Gemüt.
Habt ihr in dieser Zeit
auch angenehme Dinge erlebt?
Sagt –
wie war es mit den Frauen –
wie erschienen sie euch in dieser Zeit?

*Offizier:*

Ich lernte einige Frauen kennen
und auch sie waren so verschiedenartig
wie die Farben des Regenbogens.
Dieses Thema interessiert mich auch,
drum sei so gut und erzähl mir,
welche Erfahrungen du
mit dem schönen Geschlecht
in dieser Zeit gemacht hast.

*Hendrik:*

Nun –
ich traf viele an der Zahl.
Frauen,
die glücklich und frei waren,
Frauen,
die zufrieden waren,
doch auch Frauen,
die enttäuscht wurden,
Frauen,
die im Dreck saßen
und ohne jeden Anstand
behandelt wurden.

Manche traf ich sogar,
die vor Dummheit lachten,
die nur im Mittelpunkt
des Geschehens stehen wollten
und dafür bereit waren,
alles Notwendige zu tun.

Viele Schönheiten sah ich hier,
doch blieb es abzuwägen,
denn nur die äußerliche Schönheit zählt
rein gar nichts,
wenn die innere Schönheit nicht auch
aus Güte, Hilfsbereitschaft und Liebe besteht.

Eine Königin ist keine Königin
ihrer Arroganz wegen,
sondern wegen ihrer Güte und dem guten Herz,
das in ihrer Seele thront.

Auch jene Frauen traf ich,
die geknechtet wurden
und nur Schmerz kannten
und glaubt mir –
ich verstand all dies nicht.

Ist nicht jeder seines Glückes Schmied
und hat nicht jeder die Möglichkeit,
die Dinge zu ändern
und aus seinem Käfig auszubrechen?
Ist man so gebunden,
dass man Schande und Schmerz
über sich ergehen lässt,
anstatt alledem den Rücken zu kehren
und der Freiheit den Vorzug zu geben?

*Offizier:*

Ich denke,
dass es in jedem Fall verschieden ist
und man die Dinge nicht alle gleich beurteilen kann.

Manches zu ändern,
wird als unmöglich eingestuft
und daher wird es oft geduldet,
doch die Wahrheit
sieht meist anders aus,
denn in vielen Fällen scheut der Mensch
den ersten Schritt.
Mag jener erste Schritt auch noch so schwer sein,
wäre er erst einmal getan,
dann würden sich auch
weitere Hürden nehmen lassen.
Solange, bis am Ende die Freiheit gewonnen ist.

Für manche bleibt
die Veränderung
und die Freiheit
für sich selbst
jedoch leider immer nur ein Traum.

*Hendrik:*

Ob ein Traum nur ein Traum bleibt,
liegt letztlich an jedem selbst.

Wo Wunsch und Wahrheit sich mitunter schneiden,
da bleibt der Wunsch doch Ideal.

So scheint der Welten Lauf,
denn ob sich für manchen etwas ändert,
sei dahingestellt
doch wenn es der Einzelne nie versucht,
dann wird sich auch nichts ändern.

Die Frage steht,
die Antwort ist nur allzu klar.
Die meisten wissen,
doch sie wagen die Veränderung nicht.

„Nicht reden, nicht denken!"
**„Tut es!"**

So wollte ich ein um's andere Mal
zu ihnen sprechen.

Die Hoffnung darf noch bleiben,
denn wenn der Mensch auch sie verliert,
dann bleibt kein Platz mehr für ein Ideal.

Taten braucht die Menschheit,
für den Einzelnen
so wie auch im Ganzen.

Klare Worte, schnelle Handlung.
Leicht gesagt, doch schwer getan.
Letztlich liegt es nur am Willen selbst.

Muss denn alles erst in Schutt und Asche liegen,
bis dass sich endlich etwas ändert?

So scheint es fast,
denn sonst wird niemand aus dem Traum erwachen
und niemand wird die Augen öffnen.

Der Geist erkennt erst,
was er vermisst
und was er braucht,
wenn alles schon verloren ist.

So geht der Mensch bis an die Grenze,
dem Wahnsinn nur die Krone,
so geht es weiter, Tag für Tag.

Verachtung,
die kaum Grenzen kennt,
dies wird der Dank der Kinder sein.

Die Frage ist nur –
werden sie selbst eines Tages
den Mut für die notwendigen Veränderungen haben
oder werden sie nach anfänglicher Rebellion
auch in die Fußstapfen des Althergebrachten
treten?

Dies ist die Frage,
deren Antwort sich zeigen wird.
Verrückt und komisch,
tragisch und launisch,
herzlich und kalt,
so ist das Schicksal
und der Lauf der Dinge.

Ich sah hier sogar Gläubige,
die über's eigne' Wort fielen
und nicht das lebten,
was in ihren heiligen Büchern steht.

Manchmal glaubte ich,
dass es nicht lange dauern würde,
bis das sich der Unmut entlädt.

Ich fragte mich,
woher nur all die Lücken,
trotz der vielen Brücken?

Wo Falschheit oftmals stolz getragen,
da zuckt ganz sicher manchem hier,
das blanke Schwert, die Schlangen zu erschlagen.
Doch kann Gewalt die Antwort sein,
wenn der Mensch über Vernunft
und über die Möglichkeit der Einsicht verfügt?

*Offizier:*

Ob die Vernunft und die Einsicht bei allen kommt,
sei dahingestellt.
Zwischen unserer Zeit und der hiesigen
liegen mehr als fünfhundert Jahr',
doch wie du siehst,
reichte selbst diese Zeit nicht,
dass die Vernunft und die Einsicht
bei den Menschen gesiegt hätte.

Du sprichst mir jedoch aus der Seele,
denn oft geträumt,
der alte Traum,
die Welt nun gänzlich zu verändern.

Alle wissen,
doch niemand spricht.
So war es schon in unsrer' Zeit.
Nichts wird geändert,
weder die Umstände
noch das eigen' Denken, Handeln oder Sein.

Nichts ändert sich im großen Tollhaus,
wo Freude, Trauer und Verzweiflung
so nah wie nie zuvor zusammenliegen.

Wo Zweisamkeit oft Einsamkeit
und Einsamkeit oft Zweisamkeit,
denn wo die Seele manchmal zwiegespalten,
da ist die Einsamkeit auch Zweisamkeit,
doch kann dies niemals die Erfüllung sein.

Wo simple Worte greifen,
den Kern der Sache fassen,
da schau ich auch auf mein eignes' Leben
und erkenne,
wer ich war.

Ich war Befehlsempfänger
und doch war ich frei,
denn der König,
dem ich diente,
er war gerecht
und stets der Gerechtigkeit verbunden.
Die Taten jedoch bereu' ich
und ich bin sicher,
dass ich im nächsten Leben
die Strafe für all mein Handeln erhalte.

Die kriegerischen Tage sind heute vorbei.
Mann gegen Mann,
so war es einst zu unserer Zeit.

Auch wenn jene Taten falsch waren,
so unterlagen sie dennoch
einer gewissen Ehrlichkeit,
denn man blickte dem Mann,
mit dem man stritt,
noch in die Augen.

Heute jedoch regieren andre' Dinge.
Wo Gase und vollkommen neue Waffen
den Kampf bestimmen,
da sollten vernünftige Geister walten,
denn wenn der große Knall erst kommt,
dann steht der Mensch
nicht nur vor seiner Dummheit.
Er wird auch vor einer Schande stehen,
die niemals zu tilgen sein wird.
Nicht einmal in tausend Leben.

Drum kann ein jeder nur hoffen,
dass der Verstand und die Vernunft
auf ewig siegen werden.

**Der Offizier wendet sich Hendrik zu.**

*Offizier:*

Wo Offiziere und Soldaten,
so wie wir,
die Augen öffnen,
da sollten andere es uns gleich doch tun.

Einige traf ich,
die noch Anstand und Ehrgefühl kannten.
Einige gibt es noch,
die ritterlich und ehrbar sind,
doch es gibt auch jene,

die der Dummheit Narrenkappe tragen
und auch noch der Überzeugung sind,
ihr Denken und ihr Handeln wäre richtig.

Hier spielt der Narr ein neues Spiel.
Die Glöckchen klingeln
und die Kappe passt
in vielen Fällen.

Mag dies alles so schwer sein?
Etwas Vernunft walten zu lassen?
Niemandem Schaden zuzufügen?
Mitgefühl zu spüren
und anderen so viel wie möglich
zu helfen?

Mag dies wirklich alles so schwer sein?

Jeder sollt' sein Leben leben,
doch mit Güte, Hilfsbereitschaft und Vernunft,
denn eines ist gewiss.
Der Tod,
der kommt auf leisen Sohlen.
Der Tod,
der kommt auch mich noch holen,
denn der Tod,
er hält auf ewig stets die bessren' Karten.
Er wird bis zum Ende aller Zeiten warten
und nur er wird als Sieger
aus dem Spiel der Existenzen hervorgehen,
drum öffnet die Augen,
erkennt die Wahrheit
und fangt endlich an zu sehn'.

Es bleibt nur zu hoffen,
dass die Menschen in diesem Zeitalter
die Wirklichkeit erkennen und sehen,
dass so vieles in völlig falschen Bahnen verläuft.

*Hendrik:*

Wollen wir hoffen,
dass der Tag dieser Einsicht
bald kommen wird.
Lasst uns jetzt jedoch
unser Lager in der Höhle aufschlagen.
Die Nacht bricht langsam herein
und ihr müsst müde sein.

**Offizier:**

**(mit einem leichten Schmunzeln)**

Sieht man mir die Müdigkeit schon an?

*Hendrik:*

Ja,
lasst uns das Lager aufschlagen
und ein Feuer
im Innern der Höhle machen.

**Der Offizier und der Soldat gehen in die Höhle.
Sie zünden einige Hölzer an und setzen sich
an's Feuer.**

*Offizier:*

Lass uns noch etwas plaudern,
denn hier fühl' ich mich wohl.
So bin ich es aus alten Tagen gewohnt.

Der Luxus bleibt zwar verwehrt,
doch mir gefällt die Schlichtheit oftmals besser,
denn hier weiß ich,
wer ich bin.
Wo die Weisheit aller Weisheiten ist,
vermag ich leider nicht zu sagen.
Ob je die Nacht aller Nächte kommt,
das steht in den Sternen,
doch für mich ist jede Nacht ein Traum,
denn Nachts seh' ich meist klarer als am Tag
und im Traum sah ich oft die Welt,
wie ich sie mir wünschen würde.

*Hendrik:*

Vor unserer Reise gabt ihr mir den Rat,
die Menschen nicht zu verurteilen
und die Philanthropie zu wahren.
Manchmal fiel es mir leider schwer,
das muss ich zu meiner Schande gestehen.

Ich verstand nicht,
dass sich die Dinge nach all den Jahren
nicht verbessert haben,
sondern teilweise noch verschlimmert haben.
Ich hatte mit allem gerechnet,
doch nicht damit.

Ich versteh' die Gesetze,
versteh die Norm,
ich versteh' die Natur
und die Liebe,
die Regeln,
die Bedeutung,
die Religion,
die Existenz,
ich versteh' die Geburt,

die Armut,
den Schrecken,
die Freude
und die Wahrheit,
doch die Menschen
versteh' ich scheinbar nicht.

Ich versteh' das Glück,
versteh' die Zweisamkeit,
erkenn' die Einsamkeit
und ich begreif' die Freiheit.

Die Welt dreht sich auch ohne mich,
so weit bin ich nun,
doch eins ist eins
und scheint doch viel,
doch eins im Ganzen bleibt dann wenig,
drum dreht sich die Welt auch ohne mich
und was könnt' ich allein schon ausrichten?

Ich möchte und werde ins Geschehen eingreifen,
denn ich fand auch vieles,
das gut war
und um das man wahrlich kämpfen sollt'.

Ich traf glückliche und ehrliche Menschen
und ich fand Liebende,
die zueinander gehörten.

Ich sagte zu ihnen:

„Greift den Traum und
lebt ihn gänzlich,
macht aus zwei behutsam eins
und seht zu,
dass eins auch stets noch zwei hier bleibt,
denn ohne Freiheit

und Vertraun'
lassen sich die Schlösser
doch nicht baun'."

*Offizier:*

Wo du gerade von Liebenden sprichst,
kommt mir eine Frau in den Sinn.
Eine Frau,
die von verschiedenen Pflichten sprach.
Sie stand mit beiden Beinen im Leben
und ich bewunderte sie,
nachdem ich ihre Worte hörte.

Sie tat Dinge,
die sie gerne tat
und Dinge,
die sie verachtete.
Sie war stets da,
wenn man sie brauchte
und sie ging jeden Tag der Pflicht nach.

Sie schrieb so manche Zeile
und streichelte manchen Schopf.
In diesem Leben musste sie schon vieles tragen,
so auch manche Last, die schwer ihr fiel.

Sie teilte aus und steckte ein,
sie überreichte Blumen
und nahm Ablehnung entgegen,
sie steuerte so manches Schicksal
und half in der Not,
sie berührte alles,
was ihr fremd erschien,
sie hielt so manchen am Leben,
sie rettete sich selbst aus vielen Situationen.

Sie wurde zurückgewiesen und aufgenommen.
Sie wurde geküsst und geschlagen,
sie wurde benutzt jeden Tag.
So war ihr Schicksal,
ihr Schicksal und die Pflicht,
die Pflicht doch ihrer **Hand!**

**Hendrik schaut den Offizier mit
verständnisvollem Blick an.**

*Hendrik:*

Ich verstehe nur allzu gut, was sie meinte.

*Offizier:*

Mancher Weg ist leider wirklich nicht mit Rosen
gesäumt,
doch lass uns jetzt schlafen,
auch wenn es mich befreit,
all diese Dinge mit dir zu teilen.
Ich bin müde
und ich brauche etwas Ruhe.

**Sowohl der Offizier als auch Hendrik legen sich
in die Nähe des Feuers und schlafen ein.**

# Szene 4:

**Die Sonne geht langsam auf, der Offizier legt seine Decke zur Seite und steht auf. Er steht am Ausgang der Höhle und reckt sich. Langsam geht er auf Hendrik zu, der noch schläft, tippt ihn an.**

*Offizier:*

Steh' auf,
die Sonne lässt sich bereits blicken!

Es ist noch früh am Morgen,
doch die Erkenntnis
kam mir heut' Nacht im Traum.

**Hendrik steht langsam auf.**

*Hendrik:*

Macht ihr euch erneut Gedanken?

*Offizier:*

**(mit einem leichten Lächeln)**

Ich wünschte,
dass ich auch noch einmal jung wäre.
Jeden Morgen spüre ich,
dass meine Zeit weniger wird
und das meine Glieder
manchmal nicht so wollen,
wie ich es will.

Es ist in der Tat noch früh am Morgen
und die Gedanken
sollten nicht gleich schwer sein,

doch ich frag mich oft,
wo er hin ist,
der Prinz,
der einst in meinem Herzen wohnte,
der Krieger,
der in meinem Fleische tobte.

Was würde ich dafür geben,
wenn ich noch einmal so jung wie du wäre?
Was würde ich dafür geben,
wenn ich noch einmal so aufbegehren könnte
und mich so vehement entrüsten könnte?

Wo ist nur das Feuer und die Stärke,
die durch meine Adern floss?

Wohin sind sie nur entschwunden,
jene Tage, jene Stunden,
nun,
da ich sie bräucht' und ihnen leis' befehle,
meinen Geist und meinen Mut zu stählen.

*Hendrik:*

Ihr seid noch lange nicht so weit,
dass ihr dem Tod gegenüberstehen werdet
und zum anderen hat das Leben auch noch andre'
Seiten.
Ich bin mir sogar sicher,
dass der Mensch eines Tages die Augen öffnen wird
und endlich vieles ändert.

*Offizier:*

Meinst du?

Ein jeder übersieht die wahren Zeichen
und niemand stellt hier neue Weichen.

Lass uns einen Teil dazu beitragen
und die Augen der Menschen öffnen.
Du träumst von Vernunft und Veränderungen,
doch ich sag dir,
dass sich nie etwas ändern wird,
wenn du nicht versuchst,
alles in die richtigen Bahnen zu lenken.

*Hendrik:*

Ich habe längst den Entschluss für mich gefasst,
in das Geschehen einzugreifen.

Am Gesamtbild sollte sich vieles ändern,
doch könnt ihr nicht alle
über einen Kamm scheren.

Es gibt,
so wie auch in unserer Zeit,
solche und solche
und ganz sicher sehr viele,
die ebenso wie wir denken.

Ich selbst hab in unserer Zeit
über Jahre wie ein Tier gelebt.
Ich aß Dinge,
die ihr nicht mal anrühren würdet
und ich schlief an Plätzen,
die selbst euch zu ekelhaft
und zu kalt wären!
Wie oft war die Dunkelheit alles,
was ich wollte
und wie oft genoss ich die Nächte
in all ihrer Schönheit,
ihrer Einsamkeit
und ihrer Kälte?

Von Zeit zu Zeit hörte ich ein neues Wort.
Ein Wort dessen Bedeutung
mir anfangs nicht geläufig war.
Es hieß: „Wegwerfgesellschaft".

Ich kannte die Bedeutung des Wortes nicht,
doch dann erkannte ich,
was es damit auf sich hat.

Jener Begriff bezieht sich nicht nur auf Dinge,
die die Menschen wegwerfen,
sondern auch auf Menschen selbst,
denn die Menschen lassen einander
in dieser Zeit sofort fallen,
sobald die Harmonie gestört ist.

Die Oberflächlichkeit schlägt vollkommen neue
Wellen.
Beim kleinsten Anzeichen von Streit oder
Unstimmigkeit
wird alles einfach hingeworfen.

Bindungen,
die einst waren,
werden bei der kleinsten Kleinigkeit beendet.

Die Entscheidungen werden jeden Tag getroffen,
sowohl von Frauen als von Männern.

All das hab ich jeden Tag auf meiner Reise
gesehen und erlebt.

**Mittlerweile stehen der Offizier und Hendrik
nebeneinander vor dem Eingang der Höhle.**

*Offizier:*

Ich überleg' nur,
ob wir nicht gemeinsam das Schicksal
und den Lauf etwas beeinflussen könnten.
Es ist noch früh,
doch für einen Entschluss,
Gutes tun zu wollen,
kann es nicht früh genug sein.

Mein Verstand kann nicht begreifen,
dass so unendlich viel im Argen liegt.

Langsam frag ich mich allerdings,
ob diese Epoche tatsächlich höher entwickelt ist,
oder ob nicht nur die Technologie weiter ist.

Der Mensch ist und bleibt ein Jäger,
ein Sammler und ein Händler.

So war es in unserer Zeit
und so ist es
im übertragenen Sinn auch hier.

Dinge gibt es,
von denen wir in unserem Zeitalter
nicht einmal zu träumen gewagt hätten
und doch –
was bringt all das,
wenn die Gesellschaft immer noch nicht
in Frieden leben kann
und die Menschen immer noch
die Ungerechtigkeiten erdulden müssen.

Was nutzt es,
wenn die Menschen
immer noch hungern und täglich sterben?

Das ist die Frage,
die mich plagt
und auf die ich keine Antwort finde.

*Hendrik:*

Die Welt zum Guten zu ändern,
ist auch mein Wunsch,
doch wie sollen wir beide
etwas derartiges schaffen?

*Offizier:*

Vielleicht sollten wir es nicht versuchen,
sondern es einfach machen.
Wir müssten uns vor allen Dingen anpassen
und trotzdem im Verborgenen unser Dasein führen.

Vielleicht war es ein Fehler,
in diese Zeit zu reisen,
aber es ist geschehn'
und zurück können wir nicht mehr,
denn das Tor war nur für eine Richtung bestimmt.

Deshalb sollte ich aufhören zu jammern
und die Auferstehung meiner selbst erleben.
Die Funken und Flammen
will ich neu in mir spüren,
den Schmerz der Liebe,
die Blindheit des Narren,
die Falschheit der Schlangen,
all das will ich lernen,
ob richtig oder falsch.

Verzeih meine Melancholie,
es sind nur Schatten,
die meinen Geist befallen,
nur Schatten aus alten Tagen.

Schatten,
die lange hinter mir liegen
und mich doch täglich begleiten.

Natürlich will ich nicht die Falschheit,
denn helfen will ich.
So gut ich nur kann.

*Hendrik:*

Das weiß ich.
Wir gingen früher auch nicht den einfachen Weg
und werden nicht damit anfangen.

*Offizier:*

Es ist nur schade,
dass der Mensch die Einsicht
und die Erkenntnisse
nicht selbst erlangt.

Körper, Geist, Verstand und Seele,
all das ist doch gegeben.

Der Blick, die Tat, der Geist,
das Wort, die Hand, die Geste
und doch scheint das alles nicht zu reichen.

Was erzählen einem die Menschen bloß hier?

Man hört kaum noch frohe Kunde,
man sieht kaum noch glückliche Gesichter.

Was ist das nur?

Veränderungen sind es,
die wir träumen dürfen,
und stirbt dann doch ein Traum,

weil er niemals wahr werden wird,
so hört man erneut
die Stimmen der verbliebenen Träume:

„Wieder ist einer von uns gegangen,
wir Verbliebenen um seine Seele bangen.
Waren es doch viel zu wenig schöne Stunden,
hinterlässt er wahrlich weitre' Wunden.

Manchmal halten wir den Schmerz kaum aus
und wolln' dir folgen ins ewge' Haus,
doch was wär der Mensch ohne uns Träume,
nur Figuren und gänzlich leere Räume!"

*Hendrik:*

Dann ist es also entschieden?
Wir werden in den Verlauf der Dinge eingreifen!

*Offizier:*

Sofern meine Kräfte es mir erlauben,
werde ich dir helfen.

*Hendrik:*

Ich will leben wo man mich leben lässt,
ich will stehen und gehen,
atmen und suchen,
finden und helfen,
spüren und toben.

Ich will kämpfen
und lieben und ich will jenen helfen,
die sich selbst nicht helfen können.
Ich will sie beschützen,
denn ganz vergessen
sind die alten Tage nicht.

Ich war so oft in der Hölle,
dass ich vor langer Zeit aufhörte,
all die Tage zu zählen.

Ich frage mich,
wie viele trotz all ihrer Mühe,
trotz des Kampfes
und trotz ihrer Anstrengungen
nie eine Chance in dieser Welt haben werden!

Die Zeit ist endlich gekommen,
die Gerechtigkeit herzustellen!

*Offizier:*

So erwarb ich Titel und Ehre in meiner Zeit,
doch all das gilt nun nichts.
Ich wollte Politik stets mit den Waffen bekämpfen.
Da,
wo die Diplomatie versagte,
da kam ich ins Spiel.

Mit blankem Schwert die Wahrheit verteidigen,
so war es einst,
doch nun ist alles Schall und Rauch.
Solange es meine Kraft jedoch zulässt,
will ich meinem letzten Freund hier helfen.

*Hendrik:*

Ich werde versuchen,
vieles zu verändern.
Ich bin es mir,
der alten Zeit,
den Menschen
und meiner Liebe von einst
wahrlich schuldig.

Erinnert ihr euch
an das schönste und liebenswerteste Wesen,
das ihr je gesehen habt?
Erinnert ihr euch an meine einzig wahre Liebe?

Was würd' ich nur dafür geben,
wenn ich ihr noch ein einzig' Mal
in die Augen schauen könnte?

**Der Soldat denkt erneut an jene Frau, die er in
seiner Zeit zurückgelassen hat.**

*Hendrik:*

In meiner Zeit, da fand ich einen Schatz,
in meinem Herz, da fand sie ihren Platz.
Ich wollt' sie behüten und beschützen,
wozu würd' dies Leben sonst wohl nützen?

Sanft, humorvoll und lieb,
so sei ihr Wesen, ach, beschrieben,
als wäre doch ein Engel hier geblieben.

Die Sonne schien nach all dem Regen wieder
und der Herr blickte freundlicher auf mich
hernieder.
Kaum sah ich in ihr diese Lebensfreude,
drang wieder Licht in dies alt' Gebäude.

Gerungen hab ich mit den Geistern in der Luft,
gestritten um Liebe, Leib und Duft,
gewonnen hab ich diese Liebe,
vorbei war nun die Zeit der Hiebe.

Die Ära des Glückes hatte begonnen,
neue Gipfel wurden erklommen,
die Blumen trugen ihr schönstes Kleid,
begonnen hatte nun die Zweisamkeit.

Bei Sturm, bei Regen und bei Schnee,
kein Leid, keine Trauer und auch kein Weh.
Immer halten wollt' ich ihre Hand,
auf dass es nie zerreißt, dies wunderbare Band.
Wer könnt' schon ohne
das Glück und die Liebe leben,
wer könnte wohl sonst
so viel Freude und Wärme geben?

Die Träume sind gegangen,
alles scheint mir nun befangen,
die Träume sind weg
und die Realität holt mich ein.

Ich bin nicht der Mann,
der ich einst sein wollt',
doch noch ist Zeit,
um genau dieser Mann zu werden.

Ich bin Soldat und tief in mir auch Offizier,
doch weiß ich nicht,
warum ich oft rechts ging,
wenn ich links hätte gehen sollen
und ich weiß nicht,
warum ich oft links ging,
wenn ich rechts hätte gehen sollen.
Des Lebens Irrwege sind verwirrend
und doch,
nun liegen die Antworten klar vor mir.

Sinn und Sein,
ein weitres' mal gegenüber gestellt,
all die Philosophie,
all das Denken,
nichts von alledem beschert mir das Glück.

Nicht einmal Nyx,
die Göttin aller Nächte,
wusste eine Antwort auf all meine Fragen.

Vielleicht ist es meine Bestimmung in dieser Zeit
die Wogen zu glätten
und die Gegenwart zu verändern,
so dass jede Ungerechtigkeit ihr Ende findet.

*Hendrik:*

Zu lange ging das Unrecht durch
und zu lange kamen jene davon,
die das Recht der Menschlichkeit brachen.

*Offizier:*

Wenn wir in das Geschehen eingreifen wollen,
dann müssen wir uns auf einige Dinge einrichten
und wir müssen uns unbedingt einiger Dinge klar
sein.
Wir riskieren unser Leben,
doch niemand darf je erfahren,
das es uns überhaupt gibt.

*Hendrik:*

Mir ist klar,
dass wir uns vorsehen müssen,
doch was mich angeht,
so bin ich fest entschlossen
und es gibt nur einen,
der mich davon abhalten könnte.

Dies wäre der Tod,
der sich doch noch anders entscheidet
und mich mit in sein Reich nehmen würde.

*Offizier:*

Wir haben bis jetzt kein Aufsehen erregt
und vieles dazugelernt,
doch wir müssen dennoch
wachsam und verschwiegen sein,
denn wenn wir auffallen,
wird man uns für verrückt halten,
wenn wir unsere wahre Herkunft
preisgeben würden.

*Hendrik:*

Wir beobachten und greifen ein.
Dann,
wenn wir das Unrecht vor uns sehen.

*Offizier:*

So seh' ich es auch.
Ich werde dich begleiten
und mit dir kämpfen.

*Der Offizier zu sich selbst:*

„Die gestrige Nacht war ruhig und klar,
ein Moment der Gnade auf einmal zugegen war,
ein Moment der Freude sich mir offenbarte,
denn nun hab ich ein Ziel,
auf das ich schon ewig warte.

Mitgefühl will ich haben,
doch nur mit Worten
können wir nichts bewirken.
Es wird uns nichts anderes übrigbleiben,
als manchmal hart zu sein.

Ich bin es so Vielen schuldig
und ich werd' es für diejenigen tun,
die das Herz am richtigen Fleck tragen.
Ich will für jene kämpfen,
die die Menschlichkeit
und die Liebe noch kennen.

Ich will es für dich tun,
mein Herz."

*Offizier:*

So vieles,
das ich einst gewann,
doch die entscheidenden Kämpfe
hab' ich verloren.

„Ich konnte dich nicht halten,
mein Herz,
er kam und nahm dich einfach mit.
Seitdem thronst du beim Herrn,
thronst dort droben
und schaust auf mich hinab.

Was magst du denken,
wenn du mich hier auf Erden siehst?

Ich versuchte,
dich zu halten
und wollte dir meine Kraft
und mein Leben geben,
doch er nahm dich einfach mit!

Ich schrie wie ich noch nie zuvor geschrien',
ich hab versucht,
das Unmögliche zu schaffen,

und versucht,
die Zeit zu stoppen,
doch meine Kraft war zu gering.

Ich versagte
und er nahm dich einfach mit,
ich schaffte es nicht,
die Zeit zurückzudrehen,
ganz egal,
wie sehr ich mich auch bemühte.
So hab dich verloren
und konnte weder die Zeit
noch den Tod besiegen.

Der Tag schien dunkler als jede Nacht.
Sie ging und ließ mich starr zurück.
Ich versuchte, sie zu halten,
doch wo Gottes Hände walten,
da versagte mein kleines menschlich Sein.

Der Liebe einst beraubt,
so stand ich da
und hoffte an jenem dunklen Tag,
an dem der Tod sein Antlitz nicht verbarg,
dass der Herr sie zu sich nimmt.

Nie wieder werde ich ihr Lachen hören,
so soll es im Himmel nun die Engel betören.
Die Reis', mein ganzes Glück
ging für dich ins Paradies zurück.
So leb' wohl, mein Alles und mein Leben,
mag der Herr dir ewgen' Frieden geben.

Ewig werde ich deiner gedenken
und des Nachts mein Haupt vor deiner Liebe
und deiner Güte in Demut senken!"

*Der Offizier sagt mit etwas betrübter Stimme zu*
*Hendrik:*

Ich werde etwas spazieren gehen
und mich an der Sonne erfreuen.
Ich brauch' einen kurzen Augenblick für mich.

*Hendrik:*

Natürlich.

*Hendrik wieder zu sich:*

Es ist gut,
einen Freund, fast einen Bruder zu haben.
Wäre er nicht hier,
wäre ich meinen Gedanken allein überlassen.
Vielleicht war die Reise ein Fehler.
Ich vermisse meine Liebe,
doch hier hab ich die Möglichkeit,
Dinge zu bewegen
und Dinge zum Guten zu wenden.

Die Einsamkeit ist mir mehr als bekannt.
Ich nannte sie einst Freund
und ich hätte mich fast an ihrem Feuer verbrannt,
drum ist die Gegenwart eines Freundes eine
Wohltat.
Seine Hilfe werde ich brauchen,
denn ich weiß,
was er kann
und ebenso weiß ich,
dass tief in seinem Innern
ein gutes Herz schlägt.

Ich musste erst in eine andere Zeit reisen,
um herauszufinden,
wer ich bin

und was ich will.
Ich will in Freiheit leben,
anderen helfen und andere beschützen.
Das will ich hiermit schwören.

Es gibt so vieles,
was ich nie sagte,
so vieles,
was ich zurückließ,
und immer denke ich an dich,
mein Engel.
Wo immer du jetzt
in unserer Zeit
auch sein magst.

*Hendrik:*

**(zu sich mit leiser Stimme)**

Immer wieder denk ich an die Meine,
an jene,
die ich nicht vergessen kann.

Ich frag mich,
wo sie ist,
meine Eine,
die mich lieben ließ.
Sie,
die mir die Wahrheit zeigte
und mir die Augen öffnete.
Wo ist meine Eine,
sie,
die für mich mein Alles war.

Wo nur mag sie sein,
meine Eine,
sie die Meine,
sie mein Alles.

Sie, mein Wunsch und meine Hoffnung.
Sie, mein Licht in dieser Zeit,
sie, die Rettung für mich Fremden.

Sie war es,
die ich an meiner Brust spürte,
sie war es,
die mich zum Himmel führte.

Zu kurz ist dies Leben,
zu kurz ist dieser Moment.
So vieles hätte ich gern mit ihr gesehn'.

Ich sah noch nie die Meere,
sah noch nie die Höhlen,
sah noch nie die Tropen
und noch nie die Gletscher.

Ich sah noch nie die Weiten
und noch nie die Schönheiten,
doch denk ich an meine Eine,
dann seh' ich die ganze Welt!

Wie oft dachte ich,
das alles bald ein Ende hat.

Wie oft dachte ich an mein eigen Herz,
auf dass es gänzlich brechen würde.

Nun brich' doch,
altes Herz,
so sprach ich
in mancher dunklen Stunde.

Nun brich' doch.
Geh', stolzes Herz,
nun geh',
lass mich heut' im Stich.

Zuviel der Tage,
zuviel der Worte,
zuviel der Dummheit,
zuviel der Orte,
brich', stolzes Herz,
nun brich'.

Schlag nicht mehr weiter,
nicht traurig und nicht heiter.
Vorbei wären die Gedanken,
jene Gedanken an meine Eine.
Sie, die meine,
sie, mein einzig' wahres Glück.

Tiefe Trauer vermischt mit altem Traum,
Wunsch und Denken,
Schaum, nur Schaum.
Nicht mehr,
nicht weniger ist's,
was mir das Leben stellt,
mal Licht, mal Dunkel,
doch niemals meine Liebe fällt.

Tragik, Komik, alles meins',
Drama, Posse, alles eins,
rannte links, rechts, unten und nach oben,
stille Herren, die Vernunft und Ehrgeiz loben.

Fragende Gesichter, schwimmende Gedanken,
neues Leben, neue Phase,
alt und neu,
nun geh' – bereu'.

Setz dich auf den Stuhl und beichte,
nimm es leicht,
die Antwort reichte,
seicht und unbehaglich,
sterbend und auch fraglich.

Wie gern wäre ich wieder bei ihr,
wie gern würde ich sie wieder
in meinen Armen halten?

Ich bin ein Krieger
und ging stets mit starkem Willen ans Werk,
doch nicht aus Stahl erbaut der fleischge' Berg,
denn die Sehnsucht fasst mich jetzt
und mein Leib in tausend Teile sich zersetzt.

All ihr Himmelsboten,
die ihr droben thront,
sagt mir hier,
sagt seid ihr taub?
Erhört ihr nicht die Worte,
die gesprochen?
Sagt,
lacht ihr nur über dies Kreuz,
das nie gebrochen?

Nur dies eine Mal werd' ich auf Erden wandeln,
drum will ich sein wie noch nie ein Mensch zuvor.
Will handeln wie kein andrer'
und die Gerechtigkeit auf Erden einführen.
Das Leid jener will ich beenden,
die schon genug ertragen mussten.

Ich will glauben,
wie noch nie ein Mensch geglaubt
und ich will lieben,
wie noch nie ein Mensch geliebt!

Ich will mehr Stärke in mir vereinen
als es je ein Mensch zuvor getan.

Was nutzt mir das Wissen dieser Welt,
wenn ich nie wieder den Weg zu ihrer Seele find'?

Was nutzt mir all die Stärke und eine Klinge,
die schärfer ist als alles andere,
was je geschmiedet wurde?

Ich wünschte,
meine Eine wäre hier.
Bei Gott –
ich wünschte,
du wärest hier.

Im Zenit,
so steht dies Leben,
wer kommt,
wer schaut
und wer möcht' geben?
Die Welt aus ihren Angeln würd' ich heben,
noch einmal ihr Lächeln zu sehn'
dies wär' mein Streben.

Überleben und überstehn'
heißt die Devise,
der Kampf gegen sich selbst,
erneut die Offensive.

Genug der Worte,
ich will wieder Kraft schöpfen,
auf dass mich die Gedanken
später erneut um meine Seele schröpfen.

**Der Offizier kommt von seinem Spaziergang
zurück.**

*Offizier:*

Der kurze Spaziergang tat mir gut.
Ich hab über einiges nachgedacht
und ich bin sicher,
das auch Gott auf unserer Seite ist.

Gott gibt uns die Kraft,
dieses Zeitalter zu erleben
und er gibt uns die Kraft,
unser Vorhaben durchzuführen.
Vielleicht war er es sogar,
der uns geschickt hat.
Mitgefühl sollen wir leben,
doch zuvor müssen Taten sprechen.

Ich hörte einige deiner letzten Worte
und ebenso wie du denke ich an die Meinen,
die ich in meiner Zeit zurückließ.

**Der Offizier schaut kurz in die Ferne.**

Ja –
ich denk an euch.
Ihr,
die ihr mein Leben prägtet,

Meine Neugier wurde mir zum Verhängnis,
denn nun vernehm' ich nie wieder euer Lachen,
doch ihr seid stets in meinem Herz
und als Zeichen meiner Treue.

Ich denk' an euch an diesem stillen Ort
und wünscht',
ich hört' ein einzig' Wort.

Ihr versteht den Wunsch,
der sich in meiner Brust erklärt
und ihr ahnt den Wunsch der Wünsche.

Wie gern,
wie unsagbar gern,
wäre ich doch wieder bei euch.

*Hendrik:*

**(zu sich)**

Erst jetzt wird mir klar,
dass auch deine Zeit kommen wird,
alter Freund.

Ich werde allein durch diese Zeit wandern
und dich stets vermissen.

Was wäre nur gewesen,
wenn wir nicht
durch dies Tor gegangen wären?
Wir sind unserer eigenen Neugier
zum Opfer gefallen,
doch über all das nachzudenken,
ist müßig,
denn alles,
was zählt,
ist das Jetzt und Hier.

**(wieder zum Offizier:)**

Wir können trotz aller Umstände noch froh sein,
dass wir gesund sind und unsere Freiheit haben.
Was meint ihr?

*Offizier:*

Unsere Freiheit haben wir,
doch manch einer
versteht hier
unter Freiheit
etwas ganz anderes.

*Hendrik:*

Wir sind nun hier
und müssen das Beste daraus machen.
Den Teufel jedoch zu bekehren,
wird ein schweres Stück.
Vielleicht hilft uns Fortuna ja doch ein wenig,
denn auch in dieser Zeit
werden die Karten täglich neu gemischt
und man weiß nie,
was kommt.

Der eine klopft an Petrus' Pforte,
der andere an die Tür des Lebens.
Wer regiert
und wer muss betteln,
wer lebt lang
und wer stirbt schnell?

Gibt's den Himmel und die Hölle?

Bei Gott –
ich weiß es nicht,
doch findet jedes Leben
seinen eignen' Weg.

Mir fiel auf,
das die Maschinen
ein großer Bestandteil
des Lebens hier geworden sind.

Wer weiß,
was die Maschinen sagen würden,
wenn sie sprechen könnten.
Sie begleiten und unterstützen
die Menschen jeden Tag,
doch keine vermag zu sprechen.

„Ihr habt mich gebaut und erschaffen –
so würden sie vielleicht sprechen,
wenn sie reden könnten.

Ihr gebraucht mich und benutzt mich jeden Tag,
doch Dank,
nein Dank hab' ich nicht übrig.

Wenn ich nicht funktioniere,
dreht ihr an mir,
wenn ich jedoch funktioniere,
dann beachtet ihr mich kaum.
Mein Herz ist aus Stahl
und kalt wie Eis,
drum hab ich keinen Dank
für meine Erschaffung.

Ich sehe jeden Tag euer Wesen,
fehlerhaft und doch ausreichend.
Für eure Existenz hab ich nur ein Lächeln,
denn ihr seid mir näher als ihr glaubt.

Ich ahne eure Regeln,
ahne eure Gesetze,
ahne eure Natur und eure Normen,
doch ich verstehe eure Emotionen nicht
und ich weiß weder,
was Liebe noch was Hoffnung ist.

Ich seh' euer Leben und euer Treiben,
ich bin taub und stumm,
dennoch erkenn' ich euch,
doch Dank,
nein,
Dank hab ich für meine Erschaffung nicht übrig!"

*Offizier:*

So würde eine Maschine in dieser Zeit
vermutlich sprechen,
wenn sie es denn könnt'.

*Hendrik:*

Ganz sicher.
Es zeigt nur,
wie weit der Mensch
von allem entfernt ist.

Auch hat er noch lange nicht erkannt,
dass alles voneinander abhängt.
Nichts entspringt aus sich selbst.

Zu viele Riffe sind es immer noch,
die jede Einsicht zerschellen lassen
und nur von kurzer Dauer ist der Funke,
der die Dunkelheit erhellt.

Die nächste Hölle ist niemals fern,
doch bei Gott –
ich für meinen Teil bin gerüstet,
denn zu oft war ich schon dort,
als das ich nicht wüsste,
was mich erwartet.

*Offizier:*

Die Würfel rollen jeden Tag
auf's Neue und niemand mag voraussehen,
was kommen wird.

Wer wird müd'
und wer bleibt stark,
wer steht schwach
und wer versteckt,
wer trägt Masken,
wer verschwindet,
wer bleibt dumm
und wer erkennt,
und wer zieht nachts,
wenn andre' schlafen?

Wo die Höhle schwarz im Meer,
wo der Zeiten Räume her?
Chronisch, launisch, allzeit nur bereit.
Freudig, glücklich, keine Zeit.

Wo ist Sodom, wo Gomorra?
Hier auf Erden ist die Antwort.

Irdisch mutig, eins im Raum,
sittsam dumm, da fällt der Baum,
alles bricht, die Woche sticht,
Mensch, der hier die Welt vernicht'.

Es wird Zeit für uns,
mein Freund.

Den Tod,
den gibt es nicht.
Der Körper stirbt,
Bewegung bleibt,
alles hier im Raum vereint.

Sterne funkeln,
Mensch im Dunkeln,
Affen walten,
Narren schalten,
kreuz und quer,
alles leer,
doch so wie hier,
so's ewig bleibt,
denn dies die Welt,
die aneinander reibt.

Besinn' dich auf das,
was in dir steckt,
ganz egal,
wie oft man dich zu Boden warf,
ganz egal,
wie sehr die Schläge schmerzten.

Trag deinen Kopf stets aufrecht,
auch wenn dir die Last
auf den Schultern zu schwer wird.
Besinn' dich deiner Kraft
und deines Verstandes!

*Hendrik:*

Ich werd' nicht untergehn',
sonst wär' es längst
vor Jahren schon geschehn'.

Caesaren auf neuem Thron,
bläst erneut der Knecht das Horn.
Alltag ruft und sticht das Fleisch,
alles hier und alles toll,
gleiche Sonate nun in Moll.

Aufstehn', niederlegen,
alte Besen, schrubben, fegen,
sittsam treu und dennoch neu,
breites Lächeln, Hunde hecheln,
stummer Schrei und Kinderbrei,
alles alt und nichts vereint!

Ich glaub nicht,
das diese eine Existenz
schon alles sein soll.

Mag dies eine Leben wirklich alles sein?

Nur dies eine Mal,
nur eine Berührung der Existenz,
nur dieser flüchtige Blick,
nur dieser vorübergehende Moment,
nur eine Stimme?

Nur ein Gefühl,
nur dies' eine Lächeln,
nur eine Reise,
nur ein einziger Traum,
nur dieser eine Augenblick,
nur dies kurze Augenzwinkern?

Nur dies eine Geräusch,
nur dies eine Gefühl,
nur dies eine Mal,
nur dieses eine Leben?

Nur dies' Eine??

Die Antwort fand ich tief in mir,
ich fand sie in meinem Geist
und genau dort findet der Mensch
auch die Todlosigkeit und all die Antworten,
die er schon immer suchte.

*Offizier:*

All dies kommt mir sehr bekannt vor.
So war es bei mir.
Scheinbar vor einer Ewigkeit.
Nur allzu gut versteh' ich die Melancholie,
doch jedes Handeln
hat auch immer seine Wirkung.

Endlose Nächte trieb ich
damals auf einer Scholle aus Eis,
die unter meinen Füßen war.
All die Tage,
all die Nächte trieb ich blind umher.

Nur die Sonne, nur der Wind,
nur die Erinnerung, nur die Kälte,
nur dies endlos scheinende Meer.

Doch eines Tages fasste ich den Schluss,
dies eisge' Bild zu zerbrechen,
denn wenn jene Heimat,
die ich mein eigen' nannte,
mich nicht wärmen konnte,
dann wollte ich mit ihr untergehn'.

Ich wollte nicht länger bleiben,
wollt nicht länger stehn',
so macht' ich mich ans Werk,
sie zu zerbrechen,
doch Kühnheit
und Unüberlegtheit wurden bestraft.

Bereit dem Herrn ins Auge zu blicken,
bereit den Richterspruch zu erfahrn',
nicht länger gewillt,
dies eisge' Meer zu befahrn'.
So ging es weiter mit bloßen Händen,
jene Scholle zu zerbrechen
und dem Ganzen ein End' zu setzen.

Mühsame Arbeit war's,
die Hände wund und mürbe der Geist,
doch willig wie einst war stets das Fleisch,
denn Wunsch und Drängen
war der Erschöpfung überlegen,
so ging es weiter,
Schlag auf Schlag.

Stück für Stück löste sich die Scholle endlich auf.

Die Heimat zerstört,
die mich so lange trug.
Ich ging unter
und glaubte nicht die Tat,
doch im stillen Gedenken an meine Heimat,
die aus Eis,
hielt ich meine Hand
bis zum letzten Augenblick doch noch hoch
und gedachte ihr voller Reue und voll Trauer.

Dies war mein stummer Schrei
vor ewig langer Zeit
und auch ihn konnte niemand hören.
Jeder hat seine Last zu tragen,
doch gibt es Wege,
das Glück zu finden,
auch wenn es mir nicht oft gelang.

*Offizier:*

Wir haben nun ein neues Ziel,
doch bevor wir dieses Ziel verfolgen,
möchte ich für heute nur eines:

„Frei sein!"

Ab morgen
werden wir in das Geschehen eingreifen,
doch heut'
lass uns noch ein letztes Mal
den Duft der neuen Welt einatmen
und uns am Leben erfreun'.

**Er dreht sich zum Ausgang der Höhle und sagt laut:**

Ich will nichts sehen,
nichts hören,
ich will nicht sprechen
und ich will auch nicht schmecken.

Ich will leben,
frei sein,
mein Name ist Flügel,
trag mich weg,
mein Name ist Wahrheit,
versteck' mich nur für heut'.

Ich will nichts sehen,
ich will nichts hören
und ich will nicht reden,
ich will frei,
nur frei heut' sein!

Die Freiheit ist ein kostbares Gut,
das jeder Mensch erfahren
und für sich ein Leben lang in Anspruch nehmen
sollt'.

*Hendrik:*

**(mit einem leichten Lächeln und einem
Kopfschütteln)**

Wisst ihr,
an wen ich gerade denken musste?
An meinen Vater.

Wenn er wüsste,
dass ich in eine andere Zeit gereist bin,
würde er mich sicher
für vollkommen verrückt halten.

„Verzeih mir Vater,
verzeih,
was ich getan
und was ich noch tun werde.

Verzeih,
wer ich jetzt bin,
ein Läufer in der Nacht,
hier in dieser Welt,
in der es alles gibt
und alles fehlt.

Zeit ist's,
was den Menschen unter andrem fehlt,
sie ziehen durch die Straßen,
leere Seelen auf dem Weg zum Ziel des Konsums,
Zeit und Freiheit gibt's nicht mehr.

Sie haben keine Zeit,
den Wind zu fassen,
keine Zeit,
die Sonne zu spüren,
keine Zeit,
den Regen zu schmecken.

Alles dreht sich,
doch nichts bewegt sich,
auf zu neuen Gipfeln
der Oberflächlichkeit.

Verzeih mir Vater,
verzeih,
was ich getan,
und verzeih,
was ich noch tun werde.

Sieh mich wandern
und auch ziehn',
hier im Meer der Zeitlosen,
hier im Meer der blinden Wut.

Verzeih mir Vater,
was ich getan.
Schimpf nicht auf meinen alten Freund,
denn meine Entscheidung
war es ganz allein.

Ich seh' nun die Lichter,
seh' die Flammen,
seh 'die Menschen ziehn'
und wandern,
schneller, immer schneller,
doch schau nicht auf deinen Sohn,
hier in dieser Zeit,
in der Ära der Vergänglichkeit.

So zog ich los
und wusst' nicht mal,
wohin,
hier in dieser Zeit,
da steh ich grad'
und auch verloren,
wie ihr mein Freund,
wie ungeboren.

Die Schatten fallen tiefer,
der Winkel steht ein wenig schiefer,
so steh ich blank
und such die alte Zeit,
ich such
und wart', bin stets bereit!

Ein letztes Mal
will ich durch die Hölle gehn'
und den Menschen helfen,
auf dass sie endlich sehn'.

Ich such die Tage voller Sonnenschein,
so mein Glück,
ja das wär' mein.

Die Glocken schlagen,
neu und alt,
das hier der Ton der Träume leis' verhallt.

Das Schweigen und die nächtge' Stille,
bricht den Zwang, der starke Wille.

Forsch und barsch so fliegt's einher,
man nimmt's und setzt sich selten nur zur Wehr.

Gaukelei scheint nicht verflogen,
wird der Mensch doch täglich hier auf's Neu'
betrogen,

Das,
was einzig zu zählen scheint,
ist Geld.
Man sagt,
dass Geld kein Glück erkaufen kann,
doch wenn dem so ist,
warum ist die Gier
dann immer noch so stark?

Was interessieren mich deine Gedanken,
was interessieren mich deine Wünsche,
was interessieren mich deine Träume?

Das was mich interessiert, ist dein Geld!
So denken zu viele in dieser Welt!

Was interessieren mich deine Hoffnungen,
deine Ängste, deine Erinnerungen,
was interessieren mich deine Reden
und all deine Geschichten?

Das,
was mich interessiert,
ist dein Geld.

So geht es Tag auf Tag!

Was interessieren mich
deine Ahnungen,
deine Schmerzen,
deine Liebe?
Was interessiert mich
dein Leben,
deine Ansichten
oder deine Weltanschauung?

Was interessieren mich
deine Pläne,
deine Vergangenheit
oder deine Existenz?

Das,
was mich interessiert,
ist nur dein Geld.

Wie lang muss der Mensch dies Denken
und dies Handeln schon ertragen?

Wo Narren walten,
darf die Dummheit schalten,
wo alles verkauft wird,
Mensch, Leib, Seele, Gut,
da pocht in mir die alte Wut.

Warum sollt' ich die Welt nicht führen
und das Gericht der Gerechtigkeit endlich rühren?
Die Lösung will ich endlich finden,
auf dass die Herzen aller Menschen sich verbinden.

So schwer kann's nicht sein,
bin ehrlich, redlich, stark
und mein Geist ist klar.

Doch vermutlich fasst mich nur der alte Traum,
denn mich,
mich will die Welt wohl kaum!"

*Offizier:*

Was glauben wohl jene,
die reich genug sind,
wo sie ihr Reichtum hinbringen wird?
Wohin führt sie wohl all das?

Ob die Jagd nach dem Geld
wirklich für die Menschen
die Erfüllung ist?
Die einen brauchen es zum Überleben,
die anderen hingegen
sind von der Gier geblendet
und wollen immer mehr,
doch teilen kommt für sie nicht in Frage.
Was sind dies nur für Menschen?
Sind es wahrhaft Menschen?
Manch einer könnt' so viele Leben retten,
doch jene,
die mehr als genug haben,
sie geben niemals!
Wenn das Handeln
in diesem Leben darüber bestimmt,
welche Wesen sie im nächsten Leben sein werden,
was mag wohl aus den meisten der Reichen,
die weder Güte noch Hilfsbereitschaft kennen,
dann wohl werden?

Ignorant und egoistisch.
Soll' dies wirklich der Weg zum Glück sein?

*Hendrik:*

Zum wahren Glück ganz sicher nicht,
doch für volle Taschen reicht's
und das ist alles,
was vielen hier von Bedeutung ist.

Füllt die Taschen
und beutet andre' aus,
geht über Leichen
und verzehrt den Schmaus.

Jene,
die zu viel des Geldes besitzen,
stehen hinter verschlossener Tür
und lachen über das Elend
und die Armen.

Keine Tür bleibt mehr verschlossen,
wenn ihr die Taschen prall gefüllt habt.
Nennt ihr das Gerechtigkeit?

*Offizier:*

Auf keinen Fall!
Du wirst es schaffen,
vieles zu ändern
und dieses Wissen macht mich glücklich
und frei im Herz.

Jung ist dein Fleisch,
frisch, wendig,
schnell und stark.

So denk an mich,
wenn ich Vergangenheit
und heuchle nicht Befangenheit.
Denk ab und zu an mich.

*Hendrik:*

Ich müsst' nicht heucheln,
denn ihr seid wie ein Bruder,
drum seid beruhigt,
denn wenn euer Tag gekommen ist,
dann werde ich euer Andenken ehren
und die Unrechten neu bekehren.

Ich würde lügen,
wenn ich sag,
dass ich die Welt
nicht lieben würde.

Ich belüg' mich selbst,
wenn ich sage,
das ich die Welt
nicht auch gleichsam hassen würde.

Ich würde lügen,
wenn ich sagen würde,
das ich die Menschen nicht liebe,
ich belüge mich selbst,
wenn ich sage,
ich stünde mit einer Lösung vor alledem!

Ich erinnere mich gern an die alten Tage,
die Tage,
die von Sonnenschein und Freiheit geprägt'.

Wir spielten wie Kinder
und lebten wie Männer,
aufrichtig, ehrlich, geradeheraus.

Liebe zerriss die Herzen.
Liebe, die noch Liebe war.
Zauber, der noch Zauber war.
Eine Mannschaft, eine Truppe,
Zusammenhalt, Treue und Ehre,
ja – das stand auf unsrer' Fahne!

So zogen wir durch unsere Zeit,
so lebten wir die Freiheit
und erfassten die Sonne,
so schmeckten wir den Regen
und erlebten die Schönheit der Welt.

Was dacht' der Herr wohl,
als er mich gemacht,
ob er all meine Fehler gleich mitbedacht?
Ein Gesicht ohne Namen,
ein Bild ohne Rahmen.

Niemand weiß,
wer ich wahrhaft war,
alles,
was eines Tages übrigbleibt,
ist ein Stein,
der sich im Winde reibt.

Erkenntnis und Wagnis,
Glaube und Bildnis,
all das sagte mir still,
dass ich kein Gesicht in der Menge sein will!

Dies kleine, dunkle Versteck in meiner Seele,
dies Versteck,
das ich zu oft zum Vorschein quäle,
dies Versteck
birgt all die Geheimnisse meines Lebens,
die kleinen und die großen Kriege.

Jeder Schlag und jede Demütigung,
all das findet sich im Kästlein meiner selbst,
jene Seele,
die all das trägt,
so ist die Wahrheit,
die mich täglich prägt.

So pfleg' ich dies kleine Versteck,
sehe Dunkel und mal Licht,
nehmt mir alles,
doch die Erinnerung,
die nehmt mir nicht.

**Aus der Ferne kommt ein Wanderer auf die Beiden zu.**

*Der Wanderer:*

Wen seh' ich dort?

Seid gegrüßt.
Darf ich mich ein wenig zu euch gesellen?

*Hendrik:*

Selbstverständlich.
Setz dich ruhig.

*Wanderer:*

Ich danke euch.
Darf ich fragen,
wer ihr seid?

*Hendrik:*

Wir sind ebenso wie du nur Wanderer,
doch unser Weg
war vermutlich
etwas länger als deiner.

Was führt dich zu diesem entlegenen Ort?

*Wanderer:*

Ich wollte mir nur über etwas klar werden
und wollte allein mit meinen Gedanken sein,
denn manchmal sieht man nicht,
wie glücklich man eigentlich ist.

Ich spürte die Liebe jahrelang
und ich ließ mich fallen, ohne Zwang.

Ich rauschte stumm im Glück,
die Sonne schien den ganzen Tag,
was die Liebe doch vermag,
euch brauch ich's sicher nicht erzählen.

Ich tobte und tollte gleich dem Kinde,
der Himmel schien zum Greifen nah,
denn Glück und Liebe war nun endlich da.
Die Schatten flogen fort,
verbannt für immer an jenen Ort,
den Ort,
der Schmerz verheißt,
der Ort,
an dem die Trauer jeden in die Tiefe reißt.

Drum lief ich etwas umher,
um zu erkennen,
welch' zufriedener Mann ich doch bin,
und um zu erkennen,
welches Glück mir zuteil
durch meine Frau an meiner Seite wurde.

*Offizier:*

Ihr seid wahrlich zu beneiden!

*Der Wanderer:*

Ja –
das bin ich wohl.
Ich will euch jedoch nicht länger stören
und werde nun meinen Spaziergang fortsetzen.
Ich wünsche euch einen angenehmen Abend
und alles Glück der Welt.

*Hendrik:*

Dasselbe für dich Freund!
Wir danken dir für deinen Besuch.

*Der Wanderer geht wieder ab*
*und winkt zum Abschied kurz*
*mit einem freundlichen Lächeln im Gesicht.*

*Hendrik zum Offizier:*

Ich gönne ihm dies Glück
und ich wünschte,
jeder auf dieser Welt
würde der wahrhaften Liebe
teilhaftig werden.

*Der Offizier wendet sich etwas ab und sagt mit*
*betrübter, leiser Stimme:*

Mir die Strafe,
die ich verdien'!

Wenn ich's recht überlege,
wär' ich gern
wieder ein Kind.

Ich hätte so gern noch ein weiteres Leben.
Ein Leben,
in dem ich alles richten könnt'
und die Fehler,
die ich in diesem beging,
wiedergutmachen könnte.

Des Nachts am Feuer spürte ich den Schmerz.
Ich fragte ständig nach Sinn und Sein,
fragte nach dem Grund des Lebens,
nach Ursprung und Schöpfung.

So stehn' Maschinen aus Fleisch und Blut.
Ihr Unrechten, seid von heut' an auf der Hut.

Umfunktioniert, neu programmiert,
sie laufen und sie rennen,
sie schreien und sie toben.

Es stirbt der Pfeil, den Amor schoß,
es stirbt die Liebe und kein Blut mehr floß.

Die Mensch-Maschine täglich startet,
auf den Wunsch der Wünsche wartet,
wo Lichter scheinen,
Menschen weinen.

In stillem Ton,
da klingt nur Hohn,
in stolzem Lauf,
da steh jetzt auf,
denn blutig ist die letzte Schlacht,
ruhig dagegen hier die Nacht.

In wilden Kreisen,
stillen Reisen,
folgt die Wahrheit
auf dem Fuße.

Sagt und sprecht,
geht und brecht,
folglich scheinen hier die Seinen
sich im Spiel dann zu vereinen,
simple Fragen,
Bäume ragen,
hier im Wald die Narren plagen.

Bizarre Klänge, neue Ränge,
Totenschimmer, blass der Glimmer,
Ratespass und viel Geflimmer,

Steckenpferd und Mutters Herd,
simple Taten, alle raten,
alle jubeln, alle schreien,
stille Begeisterung,
ruhige Entgeisterung.

Schwachsinn thront,
Mensch hier wohnt,
Alkohol in rauhen Massen,
hoch die Tassen, hoch die Tassen.

Tugendhaft und voller Kraft,
ungestüm die wilden Tatzen,
viel Gewimmer, all der jungen Katzen,
neue Runde, neue Ideen,
alt gesessen, alt bequem.

Rubel rollt,
die Menschheit zollt,
Bleche krachen,
Bäche lachen,
fließen still im Strom einher,
gänzlich gar im Ganzen mehr.

Neuer Ast und alte Last,
wildes Rennen, alte Hast,
neue Leiter,
immer weiter.

Hühner picken,
Gewehre klicken,
Gründe suchen,
neue Buchen,
Hunde hecheln,
Grazien lächeln,
schöner Tanz,
Ekel ganz.

Heiße Steppe,
kalter Hauch,
will noch mehr,
ich auch - ich auch.
Hab noch nicht genug bekommen,
Glück und Liebe mir verronnen.

Tatendrang und neuer Zwang,
kalt gelächelt, neuer Hang,
hoch, noch höher, neuer Gipfel,
Zwerge nun mit neuem Zipfel.

Kinder lachen,
solln's so machen,
spielt nur,
spielt den ganzen Tag,
unbesorgt und unbekümmert,
dies Reich mir nie zertrümmert.

Menschen sich nun etablieren,
Menschen, die nur still parieren,
keine Führung,
keine Rührung,
glatt und kalt,
neues Alter,
neue Knöpfe,
alte Schalter.

Echos hallen,
Menschen fallen,
leiblich Wohl,
Kopf nur hohl,

Marmor, Stein,
alles mein,
starke Säule,
andre' Keule,

großes Maul,
sittsam faul,
alte Platte,
schwarze Ratte,
Menschen beten,
Bäcker kneten,
neuer Teig,
keiner feig'.

Klare Worte,
strenge Tat,
alte Worte,
neues Bad,
Purzelbäume,
weiße Räume,
neu geschaffen,
blanke Waffen.

Alte Muse,
nette Base,
schnell zerschmettert,
bunte Vase.
Zuckerbrot
und Morgenrot,
Freude neu
und Mensch in Not.

So sieht es aus, das weltlich Treiben,
wo die Ecken aneinander reiben,
wo Medien die Tage krönen,
kommt die Nachricht zum Verwöhnen,

denn bunte Bilder jeden Tag,
kommt oft Freude, oft der Sarg.

Da bleib' ich weiter nun in schwarz hier stehn'
und lass den Wind um meine Nase wehn',
denn Freiheit gleicht dem ganzen Stück,
da zieh ich mir mein eigen Glück,

denn Wunsch und Stärke steht in mir,
alles Glück, das wünsch' ich dir.
Wo Stiere preschen, Haie klatschen,
da kommt der Tag, der Tag der Watschen.

Vielleicht bräucht's einen König hier.
Einen,
der kein Unrecht gelten lässt,
einen König,
der die Dummheit
aus seinem eigenen Herzen stößt,
einen König,
der den Menschen hilft
und nicht wenigen
zu noch mehr Reichtum verhilft.
Ich wünschte mir einen wahrhaftigen König.
Einen,
den man auch König nennen kann.

Einen,
der die Korruption und die Falschheit nicht duldet.
Einen,
der die Liebe und die Gnade kennt,
Einen,
der aber auch gleichsam
hart gegen das Unrecht vorgeht.

Meine Knochen,
die sind morsch
und wahrlich,
du bist hier der letzte Offizier!

Du bist es,
den ich mir auf den Thron der Welt wünsche.
Du bist es,
den ich eines Tages als König sehe!

*Hendrik:*

Ihr träumt,
alter Freund,
doch ich danke für euer Vertrauen.
Könnt' ich die Welt so richten,
wie ich's wollt,
ich hätte die Ideen und auch das Herz,
doch bis dahin wäre es ein langer Weg.

Hier,
wo hoch die Falschen sitzen,
gleich dem alten Bild.
Sie hören, sehen, sagen nichts.

Der Herr brauchte weder Prunk noch Pomp,
der Herr kannte weder goldene Kelche
noch Rubine,
er kannte weder falsche Ämter
noch falsche Würden.

Brecht ein Stück Holz
und ihr werdet mich finden,
hebt einen Stein
und ihr werdet mich sehn'.
So waren die Worte des Herrn,
klar und einfach,
doch die falschen Würdenträger
umgeben sich mit Macht und Geld
und nennen sich noch Gottes Diener.

Stellt euch vor,
Christus würd' in diese Zeit hier kommen.
Was würd' er sehen,
wohin würd' er gehen?
Wie nur würd' er denken,
wenn er sieht des Menschen Lenken?

Wo Taten fehlen,
Worte nicht mehr helfen,
da steht nun Christus hier im Raum
und erkennt die Welt doch wahrlich kaum.

Wie würde er fühlen,
wie würde er denken,
wie würde er leben,
wie würde er reden,
nun, in dieser Welt?

Vielleicht würde er folgende Worte sprechen:

„Ich kam als Lamm,
doch wiedergekehrt bin ich als Löwe.
Ihr kennt meinen Namen
und ich lebe unter euch
und beobachte eurer Handeln.

Ich bin der Überbringer,
der die Botschaft des Ewgen'
auf's Neue verkünden wird.

Zu oft vermischt ihr Schönheit,
Sinn,
Unrecht,
Sinnlosigkeit
und Abartigkeit
und ihr vergesst zu oft,
dass man euch nur die Möylichkeit gab.

Ich kam als Lamm,
doch wiedergekehrt bin ich als Löwe.
Ich lebe unter euch,
doch ihr ahnt nicht mal meine Nähe.

Einige von euch
erkannten den Sinn,
Einige von euch
vermieden die Kriege und die Dummheit.

Einige von euch
hörten und lebten die Worte.
Euch gilt meine Zuwendung und meine Liebe,
doch ihr,
die ihr aus den richtigen Dingen
die falschen Taten machtet,
ihr werdet den gerechten Lohn empfangen.

Aus der Welt habt ihr eine Bühne gemacht,
eine Bühne,
auf der es nur
Gewinner,
Verlierer
und Überlebende gibt.

Geknechtete Leiber, arme Seelen,
all das im Einklang eures Lebens.
Die Schwachen werden an die
Wand gedrückt und ich sehe –
ihr habt nicht das geringste dazugelernt.

Nun bin ich wieder da,
bin wieder unter euch.
Zum zweiten Mal.
Ihr erkennt mich nicht,
doch ihr kennt meinen Namen.

Als Lamm kam ich einst,
doch als Löwe bin ich wiedergekehrt
und diesmal,
diesmal habe ich ein Auge auf euch!"

*Hendrik:*

So könnt' ich mir vorstellen,
dass er sprechen würde.

Da steht der Sohn
mit seiner Lehre neu und alt,
jedes Wort von damals
schon längst im Raum verhallt.
In stillen Tagen soll's der Mensch nun wagen,
Gottes Wort im Innern tragen.

Wo die Menschen doch auf's Neue fallen
und die Armen bald die Fäuste ballen,
da springt der Wahn stets ins Gesicht,
auf dass die Welle neue Dämme bricht.

Es soll die Zeit nun kommen,
in denen all die Tränen verronnen.
Kein Kind auf Erden soll mehr weinen,
die Sonne soll in den Herzen der Menschen
nun endlich scheinen.

Des Nachts werde ich auf den Bergen stehen
Ich werde die Dunkelheit und die Sterne sehen,
ich werde euch und auch die Lichter sehn'.

So soll es werden,
wie es euch gefällt
auf dass sie besser wird nun diese Welt,
doch bleibt mir Mensch,
nur Mensch doch hier,
denn wir,
wir bleiben auch nur
Mensch, Soldat und Offizier!!!
Lasst uns morgen gehn'
und die letzte Schlacht
in dieser Zeit hier schlagen.